Enrique Cuentame

Voll Lust

Erotische Geschichten

Blue Panther Books

blue panther books Taschenbuch
Band 2292
1. Auflage: Februar 2019
2. Auflage: Juni 2022

Vollständige Taschenbuchausgabe
Originalausgabe

Lektorat: Marie Gerlich

Cover: PawelSierakowski @ shutterstock.com
Umschlaggestaltung: MT Design
Gesetzt in der Trajan Pro und Adobe Garamond Pro

Printed in Germany
ISBN 978-3-86277-427-2
www.blue-panther-books.de

INHALT

Mit dem Gutschein-Code

EC1TBCKNE

erhalten Sie auf **www.blue-panther-books.de** diese exklusive Zusatzgeschichte als E-Book in den Formaten PDF, E-PUB und Kindle. Registrieren Sie sich einfach online oder schicken Sie uns die beiliegende Postkarte ausgefüllt zurück!

Meine Wonder Woman

Thomas war am Rosenmontag mit seinen Kumpels Michael, Sven und Stefan unterwegs. Wie jedes Jahr war in der Stadt und in den Kneipen die Hölle los. Eigentlich war er nicht so scharf darauf, sich durch enge Kneipen zu quetschen und irgendwelche Schlager zu grölen. Aber mit den Kumpels etwas trinken, Blödsinn quatschen und Mädels gucken, das war für ihn schon in Ordnung. Wobei Thomas sich mehr auf das Gucken beschränkte. Blöde Sprüche zu reißen, um Mädels aufzureißen, war nicht sein Ding.

Seine Kumpels und er standen um einen runden Stehtisch herum und rissen Zoten mit den Jungs und Mädels neben sich. Sie nahmen sich gegenseitig auf den Arm und hatten viel Spaß. Thomas bestellte für alle noch eine Runde Schnaps.

»He, Thomas, auf dich ist doch immer Verlass, bist um keinen guten Spruch verlegen«, meine Sven. »Du solltest mal deine Klappe aufreißen, wenn es um Mädels geht«, setzte er nach. Jetzt kamen wieder die anstrengenden fünf Minuten eines jeden Abends. Die Analyse, warum Thomas keine abbekam, obwohl er doch sportlich sei und was auf dem Kasten habe und, und, und … Vielleicht musste auch wieder der Spruch herhalten: »Wenn du eher auf Männer stehst, dann bring den Kerl einfach mit.« Machte sie ja sympathisch, dass es keine Homophoben waren und sie sich irgendwie wünschten, dass der Kumpel auch jemand Nettes abbekam.

»Ich werde mir Mühe geben«, sagte Thomas, als die Tür der Kneipe aufging. Eine große Schlanke im Mantel kam herein. Sie hatte stahlblaue Augen und lange dunkle Haare, die durch ein goldenes Diadem zusammengehalten wurden. Der große rote Stern, der darauf prangte, kam Thomas bekannt vor. Noch bevor ihm einfiel, woher, nahm sie den Mantel ab. Natürlich kannte er das Kostüm – Wonder Woman.

Nicht nur Thomas schaute zum Eingang hin. Die ganze Kneipe taxierte die Frau. Sie sah nicht nur wie Wonder Women aus – sie war Wonder Women. Ihr durchtrainierter Körper steckte in einem schulterfreien, rot schimmernden Brustpanzer mit einem breiten goldenen Gürtel um die Hüfte. Ihre großen und straffen Brüste wölbten sich aus den Brustschalen des Panzers. Darunter umspielte ein blauer, lederner Lendenschurz ihre Hüfte. Die langen Beine wurden durch die roten kniehohen Lederstiefel mit goldenen Schutzelementen noch mehr betont. An den Armen trug sie breite metallene Unterarmschützer. Sie schritt mit großen, bestimmenden Schritten durch die Menge, die sich vor ihr zu teilen schien. An der Bar setzte sie sich auf einen Hocker, bestellte sich etwas zu trinken und ließ den Blick durch den Raum gleiten.

Thomas hörte seinen Kumpels nicht mehr richtig zu, sondern versuchte, einen Blick auf Wonder Woman zu erhaschen. Sie schaute ihm direkt in die Augen und fixierte ihn. Nein, sie schaute ihn nicht an – oder doch? Es lief ihm heiß und kalt den Rücken hinunter. Er drehte sich um, aber hinter ihm stand niemand, der in Richtung Bar blickte. Also war wohl doch er gemeint. Er drehte sich wieder zur Theke und sah nur noch den schönen durchtrainierten Rücken von Wonder Woman. Bevor sich Thomas ärgern konnte, winkte ihm der Barmann, dass er seine Drinks holen solle. Er machte sich auf den Weg und landete durch das Geschiebe der Menge direkt neben Wonder Woman an der Bar. Aus der Nähe war sie noch schöner. Ihre Haut sah ganz weich aus und duftete herrlich. Thomas wunderte sich, dass noch keiner versucht hatte, bei Wonder Women zu landen.

In dem Moment kam ein Typ, der bereits ordentlich Schlagseite hatte, zur Bar und ging sofort in die Offensive. »Na, du Hüpfer, du hast ja geile Titten«, lallte er und hob zielstrebig die

Hand. Doch bevor seine ausgestreckte Hand den Brustpanzer erreichte, quetschte die rechte von Wonder Women seinen Hodensack so fest zusammen, dass nur noch ein Quietschen aus seinem Mund kam. Er wollte sich mit einem Schlag seiner Rechten aus der misslichen Lage befreien. Doch er traf lediglich die Theke unterhalb der Platte, auf der sein Kopf aufschlug, weil sie ihn am Kragen gepackt hatte. Er stöhnte vor Schmerz. Nachdem sie ihn mit der Linken wieder in die Senkrechte gezogen hatte, konnte er sich kaum noch auf den Beinen halten. Thomas war sprachlos.

»Kleiner, troll dich, wenn sich zwei Erwachsene unterhalten wollen«, zischte sie ihm ins Gesicht, während sie immer noch seinen Kragen festhielt. Sie drehte sich zu Thomas und sprach weiter: »Wir wollen uns unterhalten.« Damit ließ sie den Mann los und er rutschte auf alle vieren davon.

Von da an wusste Thomas nicht mehr viel. Er befand sich in einer Blase. Alle in der Kneipe beobachteten ihn – den Typ, mit dem Wonder Woman sprach. Er musste etwas Besonderes sein und sah doch so normal aus. Trotzdem lachte Wonder Women und schien sich köstlich mit ihm zu amüsieren. Niemand belästigte sie. Er konnte sich nicht erinnern, worüber und wie lange sie sich unterhalten hatten. Er wusste nur, dass sie irgendwann bei ihm gelandet waren. Und an den Rest des Abends konnte er sich nur zu gut erinnern …

Kaum war die Tür hinter Thomas ins Schloss gefallen, küsste sie ihn lange und sanft, während ihre Rechte seinen Nacken fixierte. Er stand da und konnte sich nicht bewegen. Ein Kribbeln lief über seinen Körper und sein Schwanz bohrte sich schmerzhaft in seine Unterhose. Er überlegte, wie er ihn richten könnte, ohne dass es auffiel.

Doch Wonder Women kam ihm zuvor. »Zieh dich ganz aus«, befahl sie und ließ ihn stehen. Ihr Ton ließ keine Widerrede zu. Er zog seine Klamotten aus und folgte ihr ins Wohnzimmer mit einem so harten Schwanz, wie er ihn noch nie gehabt hatte. Als er durch die Tür ging, löste sie gerade die Schnürung ihres Brustpanzers. Sie ließ ihn zu Boden gleiten und drehte sich zu ihm. Ihre Brüste sahen aus, als wären sie aus Marmor, mit den durch die weiße Haut schimmernden Adern. Ihre Nippel reckten sich aus den hellen Warzenhöfen steil in die Luft. Thomas stand der Mund offen. Sie grinste ihn wissend und verführerisch an, während sie mit einer Hand den Lendenschurz öffnete und ihn zu Boden gleiten ließ. Dann drehte sie ihm ihren wohlgeformten Hintern zu und streifte das Höschen herunter. Mit einer galanten Drehung setzte sie sich in den Sessel, der vor ihr stand. Thomas stand regungslos vor ihr. Er atmete nicht. Er war sich sicher: Entweder würde es seinen Schwanz zerreißen, wenn nur noch ein Milliliter Blut in ihn liefe, oder dieses anmutige und geile Geschöpf würde verschwinden.

Sie schaute ihn an, fixierte seine riesige Latte und legte ganz langsam ihre wohlgeformten Schenkel über die Armlehne des Sessels. Dann hob sie ihr Becken und rutschte an die Sesselkante. Mit dem Zeigefinger winkte sich ihn zu sich und zeigte auf ihre feuchte Möse. Thomas krabbelte auf allen vieren durch das Wohnzimmer auf den Sessel zu. Sein Schwanz war so steif, dass er schmerzte, und ein dünner Faden zäher Flüssigkeit tropfte von der roten Eichel, die sich aus der Vorhaut geschoben hatte, auf den Boden. Er sah aus wie ein Rüde, der es nicht abwarten kann, die läufige Hündin zu besteigen.

Ihre Möse roch betörend nach Sex. Er versenkte sein Gesicht zwischen ihren Schenkeln. Thomas lächelte kurz, ehe er mit der Zungenspitze einen feinen Kreis um den Kitzler zeichnete. Seine Bewegungen wurden sofort mit einem wohligen Seufzen belohnt. Davon ermutigt setzte er seine Zunge nun etwas fester auf den Kitzler und begann ihn langsam, aber mit sanftem Druck zu lecken. Immer wieder ließ er die Zunge vom Damm durch die nassen Lippen ihrer Möse bis zum Kitzler gleiten. Dann beugte er sich noch ein bisschen weiter vor, legte seine Lippen fest um den Kitzler von Wonder Woman und begann, behutsam daran zu saugen. Dabei schmiegte er die Spitze seiner Zunge zärtlich gegen die dicke rote Knospe. Auch für ihn war es ein äußerst intensives Erlebnis, ihre Lust so deutlich spüren, schmecken und riechen zu können. Mit allen Sinnen konzentrierte er sich auf ihr Verlangen. Der Erfolg seiner Bemühungen stellte sich sofort ein. Sie begann sich vor Lust zu winden, hob und senkte ihre Hüfte, als wollte sie die sie liebkosenden Lippen abschütteln.

Seine Geilheit trieb ihn zur Hartnäckigkeit an. Er presste seinen Kopf zwischen ihre Schenkel und folgte jeder Bewegung, ohne eine Sekunde vom Kitzler abzulassen. Ihre Oberschenkel begannen zu zittern und im nächsten Augenblick pressten sie sich von beiden Seiten fest an Thomas' Kopf. Ein lautstarkes Stöhnen drang trotzdem an sein Ohr. Seine Zunge fest, aber bewegungslos an den Kitzler schmiegend, erlebte Thomas ihren Orgasmus aus allernächster Nähe mit. Ganz behutsam bewegte er seine Zunge und entlockte ihr damit noch weitere lustvolle Zuckungen der Hüfte. Als Wonder Womans Höhepunkt schließlich abgeklungen war, löste Thomas sich ganz langsam von ihr und wartete auf allen vieren vor ihr kniend. Schwer atmend lag sie mit halb geschlossenen Augen und weit gespreizten Schenkeln im Sessel.

Nach einer kurzen Verschnaufpause stand sie auf und ging mit schnellen Schritten und wackelndem Hintern zum Sofa hinüber. »Na komm«, raunte sie leise und klatschte sich auf die stramme Pobacke. An ihrem Zielort angekommen, ließ sie sich auf die Knie sinken, legte den Oberkörper auf die Sitzfläche des Sofas und spreizte weit die Schenkel. Auffordernd klatschte sie sich erneut mit der Hand auf den Hintern.

Thomas, dessen harter Schwanz steil emporstand und vor Nässe tropfte, ließ sich nicht zweimal bitten. Schnell krabbelte er hinter sie und schleckte noch einmal kraftvoll durch ihre Schamlippen. Wonder Woman stöhnte leise auf. »Na los, fick mich!«, feuerte sie ihn benommen vor Lust an. Thomas sog noch einen Augenblick lang den betörenden Duft der nassen offenen Schamlippen ein, die sie ihm bereitwillig präsentierte. Dann erhob er sich und positionierte sich zwischen ihren gespreizten Beinen.

Sie schloss die Augen, drückte willig ihren Rücken durch und reckte ihren Hintern empor. Schon spürte sie den heißen Schwanz an ihrem Oberschenkel. Seine Eichel streifte sanft über ihre feuchten Schamlippen, glitt an ihnen entlang, sodass sich der harte Schaft an ihren Schritt schmiegte. »Oh ja, bespring mich!«, raunte sie. Ihr Mund war leicht geöffnet, die Zunge halb herausgestreckt. Mit einer Hand griff sie hinter sich, zog ihre Pobacken leicht zur Seite und spreizte damit zugleich auch ihre Schamlippen ein bisschen weiter. Thomas bewegte die Hüfte zurück, um seinen Schwanz zu platzieren.

Im nächsten Augenblick drang seine Eichel erneut zwischen ihre Schamlippen und dieses Mal stimmte der Winkel. Geschmeidig schob sich die Spitze des Schwanzes in die Möse von Wonder Woman und ließ sie erregt aufstöhnen. Sofort drängte Thomas seine Hüfte weiter nach vorn, trieb seinen harten Schwanz tief in die nasse Fotze. Dabei drückte er die empfindsamen Muskeln ihres Lochs weit auseinander. Mit kurzen Stößen rammte er sie und drang unaufhaltsam immer tiefer in sie ein. Als er bis zur Wurzel in ihr ruhte und seine Hoden sachte gegen ihre Schamlippen wippten, stoppte er seine Bewegung. Einige Augenblicke vergingen, in denen

Thomas regungslos in ihr verharrte und zweifelsfrei das atemberaubende Gefühl auskostete, von ihrer warmen und weichen Möse umschlossen zu sein.

Sie seufzte genüsslich, genoss es, vollkommen ausgefüllt zu sein. Sanft krallte sie ihre Finger in ihren Hintern und zog die Backen weiter auseinander. Sie gab sich ihrer Lust vollkommen hin. Angespannt atmete sie tief ein und wartete mit angehaltenem Atem und geschlossenen Augen auf den befreienden Augenblick, in dem er endlich beginnen würde, sie zu ficken. Ihre gesamte Wahrnehmung fokussierte sich auf den harten, dicken Schwanz, der noch immer tief in ihrer nassen und heißen Möse steckte. Die wenigen Sekunden dehnten sich zu Minuten und ließen ihre Geilheit ins Unermessliche schießen.

Thomas zog seine Hüfte zurück, bis nur noch seine Eichel zwischen ihren Lippen ruhte und ihren Ausgang dehnte. Dann stieß er seinen Schwanz tief in sie. Zuerst bewegte er sich langsam, doch bereits nach wenigen Stößen steigerte er das Tempo. Er fickte Wonder Woman. Betört von diesem Gedanken klammerte er seine Hände fest um ihre Hüfte, um seinen Schwanz mit ausreichend Kraft immer wieder mit kompromisslosen Stößen in ihren Körper zu treiben. Laut stöhnend und vor Lust immer wieder leise aufschreiend gab sie sich ihm hin. Längst hatte sie jede Beherrschung verloren. Ihre Finger krallten sich in eine auf dem Sofa liegende Decke, während er sie mit energischen Stößen fickte. Jetzt, wo der Damm einmal gebrochen war, ließ Thomas sich nicht mehr stoppen. Mit seinem kräftigen Körper hielt er sie unter sich, dominierte sie, während er ihre heiße, nasse Fotze rammte. Er fickte seine Wonder Woman.

Mit offenem Mund atmete er schwer, dabei tropfte etwas Speichel auf ihren Rücken und ließ sie erschaudern. »Oh Gott, genauso! Fick mich wie die Tiere, na komm schon!«, feuerte sie ihn weiter an. Ihre Erregung stieg mit jedem weiteren Stoß, staute sich in ihrer Fotze und erfüllte bald ihren gesamten Körper. In ihrem Kopf gab es keinen klaren Gedanken mehr, in diesem Augenblick war sie selbst kaum mehr als ein wildes, geiles Tier. Thomas genoss dieses pure Gefühl, die wilde Erregung, die nur der Sex auszulösen vermochte.

»Jaaahh ahhhh ahhh!«, stieß Wonder Woman stöhnend hervor. Ein Orgasmus baute sich in ihrer Fotze auf, schwoll durch jede weitere Bewegung des harten Schwanzes weiter an und löste ein unbeschreibliches Kribbeln aus. Für einen kurzen Augenblick staute sich das Gefühl und drohte sie zu ersticken. Sie schnappte nach Luft. Doch schon der nächste kraftvolle Stoß von Thomas ließ die Blase platzen. Thomas' Hüfte klatschte gegen ihren Arsch, sein harter Schwanz drückte die geschwollene Eichel gegen ihren Gebärmuttermund und entlockte ihr einen halb unterdrückten Schrei. Ihr Unterleib wurde vom Orgasmus überschwemmt, verkrampfte sich rhythmisch zuckend um den dicken Schwanz. Die pulsierende und melkende Bewegung ihrer Fotze ließ ihn abspritzen. In heftigen Schüben spritzte er sein heißes Sperma in ihr zuckendes Loch.

Erschöpft ließ er sich auf ihren Rücken sinken, konnte aber nicht aufhören, sie mit leichten Bewegungen zu ficken. Schwer atmend fokussierte sie sich auf jede Welle der Lust, die durch seinen Körper pulsierte. Nach Luft ringend öffnete sie die Augen. Ihr Höhepunkt ebbte nur langsam ab, da er durch die Bewegungen von Thomas' Schwanz immer wieder zusätzlich angefeuert wurde. Als sich sein Atem etwas beruhigt hatte, erhob sich Thomas und rollte sich neben sie auf das Sofa. Mit einem schmatzenden Geräusch glitt sein Schwanz aus ihrer nassen Ritze heraus. Er hinterließ in ihr eine seltsame Leere und ließ sie noch etwas offen stehen. In dicken Tropfen rann sein warmes Sperma ihre Schamlippen hinab und tropfte von dort auf den Boden.

Sie mochte dieses Gefühl direkt danach, den Geruch des Spermas auf ihrer Haut und das Wissen, gerade bestiegen worden zu sein. Eine leichte Gänsehaut ließ ihre Haut kribbeln. Sie stemmte sich von den Knien in die Höhe und ein Schwall Sperma ergoss sich auf ihre Oberschenkel. Schützend hielt sie eine Hand unter ihre offene Möse und suchte mit schnellen Schritten das Badezimmer, um sich sauber zu machen.

Thomas lag erschöpft auf dem Sofa und wusste nicht, ob er das Hündchen oder der Hengst von Wonder Woman war. Er wusste nur: Er hatte Wonder Women gefickt.

Spass im Video-Chat

Freunde und Bekannte stellen sich Dienstreisen immer als Urlaubstripp mit Beschäftigungsprogramm vor. In der Regel sieht man außer dem Flughafen, dem Messegelände, dem Hotelzimmer und dem Büro nur ein Restaurant. Auf den Fahrten von einem Ort zum anderen erhascht man einen kurzen Blick auf die jeweilige Stadt, in der man sich befindet. Die Arbeitstage sind lang, da jeder weiß, dass ohnehin niemand auf einen wartet. Leider kann Mann sich dann auch nicht in dem Maße um sein Kleinod kümmern, wie es nötig wäre.

Heute war ein anstrengender Tag und ich habe mich früh ins Hotel verabschiedet. Nachdem ich mir ein Glas Weißwein eingeschenkt und mich bis auf Boxershorts und T-Shirt entkleidet habe, sitze ich nun vor meinem Computer und starre auf den blau schimmernden Monitor.

Ja, leg dich auf den Rücken und zeig mir deine saftige Möse. Ich will, dass du es dir machst, tippe ich in das Textfeld. Eine Videoschaltung ist heute kein technisches Problem mehr, doch das Warten auf ein Foto oder einen Videofilm erhöht die Spannung. *Ich will, dass du für mich kommst. Mach es dir hemmungslos, auf dem Foto bist du so nass, du geile Schlampe*, fliegen meine Finger über die Tastatur.

Ja, ich mache es mir richtig hart und dreckig, nur für deinen geilen Schwanz, kommt prompt die Antwort.

Mein Schwanz schwillt an und drückt gegen den Stoff der Shorts. *Ich will alles sehen, hast du verstanden? Ich schaue dir zu, wie du dir die Finger reinrammst, du schwanzgeiles Luder. Fick dich hart und zeig mir, was für ein williges Fickstück du bist*, tippe ich hektisch in das Textfeld.

Auf meinen Boxershorts zeichnet sich ein feuchter Fleck ab. Ich ziehe mir die Shorts in die Kniekehlen und mein harter Schwanz klatscht auf meinen Bauch. Die feuchte Eichel hat sich schon durch die Vorhaut geschoben und glänzt vor Freude. Mit dem Handy mache ich eine bildschirmfüllende Aufnahme von meinem harten Schwanz und den schweren Hoden, die zwischen meinen Schenkeln baumeln. Zur *Motivation*, füge ich dem Bild bei und schicke es ab.

Das schwarze Fenster neben dem Textfeld wird hell. Zum Berühren nah kann ich die rasierte feuchte Möse meines Fickstücks zu sehen. Mein Schwanz schwillt weiter in meiner Hand. Der Anblick macht mich geil. Ich würde das Loch am liebsten lecken. Die anzüglichen und doppeldeutigen SMS, die ich ihr über den Tag geschickt habe, zeigen ihre Wirkung.

Ja, zeig es mir – fick deine nasse Möse, tippe ich ein. *Los, fang an … zeig mir, wie versaut und geil du bist … wie gern du es dir für mich machst*, hämmere ich die Buchstaben in das Textfeld. Der Konversationsverlauf des Messengers blinkt. Er blinkt und blinkt und blinkt. Ich wichse sanft meinen Schwanz. *Was schreibt die so lange?*, denke ich. Ein Video wird angezeigt. Hektisch tippe ich es zum Abspielen an.

Sie schiebt eine Hand zwischen ihre Beine und die Finger reiben hart und schnell in der Nässe ihrer Lippen. Die andere

Hand fährt über ihre Titten und sucht die dunklen festen Nippel. Ihre Finger kneifen sie fest, ziehen sie lang und reiben sie zwischen ihren Fingern. Ich kann sehen, wie sie anfängt, es zu genießen. Der Film ist zu Ende. Ich lasse ihn im Hintergrund noch mal laufen und höre mir ihren schweren Atem an. Eigentlich brauche ich drei Hände, aber genau das macht mich unfassbar geil – nicht genau zu wissen, was sich auf der anderen Seite der Leitung abspielt.

Hey, und schau mich an. Fick dich hart. Ich will in deinen Augen sehen, wenn es dir kommt, hämmere ich in die Textbox.

Ich bearbeite meine dicken Titten noch härter und ziehe meine Nippel abwechselnd lang. Dabei ficken mich meine Finger hart und tief in meine nasse Fotze, flammt die Antwort auf. *Dabei würde ich gern deinen dicken Schwanz in den Mund nehmen und saugen*, kommt die nächste Nachricht.

Ja, blasen kann die Schlampe wirklich gut und wenn sie geil ist, dann will sie alles schlucken, denke ich und wichse mich fester. Ein neuer Film erscheint.

Sie zwingt sich, in die Kamera zwischen ihren weit gespreizten Schenkeln zu schauen, während ihre Finger ihre Fotze tief im Innern bearbeiten. Sie zieht die nassen Finger heraus und verteilt den Saft über ihren nackten rasierten Hügel. Dann nehmen sich ihre Finger ihre Kliti vor. Zwischen Zeigefinger und Daumen massiert sie den ausgestellten harten Knopf wie einen kleinen Schwanz auf und ab und presst ihn dabei fest zwischen die Finger. Ihr Mund ist halb geöffnet und die Augen schauen an der Kamera vorbei ins Leere. Sie spreizt die Schenkel noch weiter, um mich wirklich alles sehen zu lassen. Meine Hand wichst langsam meinen prallen Schwanz. Der Anblick ist geil, und zu sehen, wie sie langsam die Kontrolle verliert und aus der Realität driftet, erregt mich. Sie hebt und senkt ihren Arsch wie bei einem Fick, windet sich wild im Bett. Sie ist willenlos und getrieben von ihrer Geilheit. In dem Zustand ist sie zu allem bereit.

Während ich den Film erneut anschaue und dem schweren Atmen und leisen Stöhnen lausche, stelle ich mir vor, wie sie meinen rasierten Hoden vorsichtig in den Mund nimmt und mit der Zunge massiert, mit den Zähnen behutsam von meiner Peniswurzel bis zu meiner Eichel knabbert. Die nimmt sie dann so tief es geht in den Mund. Sie hat eine hohe Reizschwelle, was das Würgen anbelangt, und nimmt ihn noch tiefer in sich auf. Sie schnalzt mit der Zunge gegen die kleine Öffnung an der Spitze der Eichel, als sie den Schwanz aus sich herausgleiten lässt. Dann lässt sie ihn wieder mit einem Ruck tief in den Mund gleiten.

Ich merke, wie sich in meinen Lenden ein Orgasmus aufbaut. Schnell tippe ich mit beiden Händen in das Textfeld: *Schieb dir beide Hände in deine nasse Fickgrotte.* Bevor ich auf Enter drücken kann, erscheint ein neuer Film.

Sie lässt ihre Titten los und schiebt die Hand zwischen ihre Schenkel. Während die Finger der einen Hand von oben ihre Klitoris vergewaltigen, greift sie mit der anderen Hand um ihren Schenkel herum und fickt ihre Fotze hart von unten. Ich kann sehen, wie ihr Loch zuckt und schnappt, ihr geiles Fickloch glänzt rosa im Licht. Ihr Arsch windet sich und stößt gegen die Hände in die Luft. Dabei schaut sie in die Kamera und ich kann die Geilheit in ihren Augen sehen. Sie hechelt und japst, während sie sich für mich so rannimmt. Sie ist dem Orgasmus nahe. Ihre Kliti ist so prall und hart zwischen ihren Fingern und ihre Fotze giert nach ihren spreizenden Fingern.

Ich will sehen, wie weit ich sie noch treiben kann.

Du bist ein geiles Fickstück … lass es raus … Komm, steck dir noch einen Finger in deinen engen Arsch … für mich, du gierige kleine Schlampe … Fick ihn dir schön tief … bis zum Anschlag.

Kaum habe ich Enter gedrückt, ficke ich meine Hand. Ich bin kurz vorm Abspritzen und brauche Abkühlung. Mit der Handykamera auf dem Tisch wichse ich meinen harten Schwanz. Doch der Effekt ist leider ein anderer. Es geilt mich nur noch mehr auf zu wissen, dass der Anblick des dicken und zum Abspritzen bereiten Schwanzes sie sicherlich über die Klippe schieben wird. Ich schneide den Anfang und das Ende des Films weg und schicke ihn los. Dann nehme ich meinen Schwanz wieder in die Hand und wichse ihn ganz leicht.

Zu schnell folgt die Antwort. *Mein Arsch gehört dir und deinem harten Schwanz*, leuchtet im Verlauf auf und dann ein neuer Film. Sie hebt ihren geilen Arsch an, sucht mit dem Zeigefinger ihre Öffnung und rammt sich ohne zu zögern für mich den Finger rein. Ich kann in ihrem Gesicht mit dem weit aufgerissenen Mund sehen, wie geil das Gefühl ist, wie es sie durchzuckt. Sie schiebt ihn sich in ihren Eingeweiden hin und her. Zugleich reißt sie an ihrer Kliti und presst das aufgestellte pralle Teil zwischen ihre Finger. Der Arsch zuckt unkontrolliert in die Luft und das heftige Atmen geht in ein Japsen und Stöhnen über. Gleich kommt sie. Das Stöhnen treibt mir die Geilheit in den Schwanz. Während ich gebannt dem Schauspiel auf dem Monitor zuschaue, ficke ich meine Hand.

Sie schreit und stemmt ihren Hintern in die Luft. Zwei Finger verschwinden in ihrer nassen Fotze und ein weiterer gesellt sich zu dem in ihrer anderen Öffnung. Sie schnauft und ihr Becken reitet auf allen Fingern. Meine Hand reißt unrhythmisch an meinem harten Schwanz. Ich atme schwer, mein Arsch schiebt meinen Schwanz in die Hand.

Ich höre, wie sie »Jaaaa, spritz mich voll!« stöhnt, bevor sie bebend, sich schüttelnd und zuckend in das Bett fällt. Dann schiebt es mich über die Kante. Mein Schwanz schmerzt und zuckt, bevor es ihn zerreißt. Die Anspannung schießt in Schüben heißen Spermas aus mir. Mit jeder weißen Fontäne schiebt sich eine Wärmewelle durch meinen Körper. Mit dem letzten Spritzer rollt die Welle der Erschöpfung über mich hinweg.

Und?, blinkt es auf dem Monitor.

Fertig und kaputt, tippe ich mühselig. Es klingelt am Computer. Ich nehme an und schaue auf dem Monitor in ein glückliches Gesicht.

»Das war geil, und wenn du morgen nach Hause kommst, dann blas ich dir deinen geilen Fickständer, bis du mir deinen Saft über die prallen Titten spritzt«, sagt sie mit glühenden Bäckchen.

»Ich freue mich auf morgen Abend, mein Schatz. Danke dir und schlaf gut«, antworte ich.

Sie wirft mir einen Kuss zu und trennt die Verbindung. Ich gehe duschen und ins Bett. Mit so einer Frau ist sogar Selbstbefriedigung eine andere Nummer.

Heisse Radtour

Es ist der erste schöne sonnige Tag im Frühling und du willst heute eine große Mountainbike-Tour mit mir machen. Den ganzen Tag an der frischen Luft sein und sich bewegen. Du willst es langsam angehen lassen und dich nicht gleich am ersten Tag der neuen Saison verausgaben. Vielleicht in einem Eiscafé sitzen und mit den ganzen anderen Leuten die Sonne genießen und auch zuschauen, was die anderen so machen. Spaß haben willst du.

In einem Eiscafé angekommen, können wir gerade noch einen Platz ergattern. Vor der Theke stehen die Leute auf der Straße Schlange. Es ist angenehm, in der Sonne zu sitzen, so angenehm warm. Leute beobachten macht auch viel Spaß. Doch eigentlich möchte ich schon eine ganze Weile nach Hause. Nicht, weil das hier nicht witzig ist, sondern weil mich die

Sonne und der Radsattel einfach nur rollig gemacht haben. Außerdem musste ich hinter dir fahren und die ganze Zeit deinen geilen Arsch anschauen, um den sich die enge Radlerhose spannt. Hier darf ich zur Abwechslung deine durchtrainierte harte Brust bestaunen, deren Nippel sich durch den Fahrtwind so aufgerichtet haben, dass sie das Trikot fast durchstechen. Die flüchtigen Berührungen hier im Café und der Blick in deinen Schoß, wo ich die Konturen deines Schwanzes erkennen kann, machen mich spitz. Meine Fantasie geht mit mir durch und ich überlege, was ich mit dir zu Hause alles anstellen könnte. Ich versuche, dich dazu zu kriegen, mich zu erhören. Flüstern von Kommentaren in dein Ohr, Streicheln deines Oberarms und das Öffnen des Reißverschlusses meines Radeinteilers, damit du einfach nicht übersehen kannst, dass sich meine drallen Titten danach sehnen, abgegriffen zu werden. Meine Möse steht auf, beißt sich aber leider am Schrittpolster die Lippen aus.

Keine Reaktion. Du lümmelst dich in deinem Stuhl, spreizt die Beine weit, damit dein Schwanz noch besser zu sehen ist. Verdammt … du spielst mit mir … du lässt mich leiden … und zappeln. Eigentlich gefällt es mir ja, dominiert zu werden und zu betteln, um meine Geilheit besiegt zu bekommen. Jetzt gerade will ich aber nur von dir im Bett durchgefickt werden.

Du drehst dich lässig zu mir und fixierst mich unter deiner dunklen Brille. Wie zufällig fasst du dir in den Schritt und richtest deinen eingepackten halbsteifen Schwanz. Mit den Zähnen beißt du dir auf die Unterlippe und grinst mich dann an. Du weißt ganz genau, dass sich das Polster meiner Hose vollsaugt. Du lässt mich hier zappeln. Ich versuche, dir einen Kuss abzuringen. Keine Chance. Du hältst mich auf Anstand. Der feste Griff in meinem Nacken, der meinen Kopf fixiert, und der zarte Kuss auf meiner Wange. Ich laufe aus.

Du zahlst und wir schlagen einen Weg ein, der uns nicht direkt nach Hause führt. Keine Chance – ich füge mich und trete in die Pedale. Am Ortsausgang hältst du an und schaust dich um. Du hast die kleine Pumpe verloren. *Auch das noch*, denke ich, als du die Räder an ein Straßenschild schließt. Wir suchen das Gras des Seitenstreifens ab und ich lande mit einem Schubs in den großen Büschen, die schon prächtig ausgetrieben haben. Plötzlich liege ich auf dem Boden und du sitzt auf mir. Ich wehre mich und will dich von mir schieben. Alles Strampeln und Wehren nützt aber nichts. Du hast mich fest im Griff. Wir haben schon öfter gekämpft, aber das Ergebnis ist immer dasselbe.

Ich liebe es, von dir genommen zu werden, und du magst es, mich zu beherrschen. Dein Blick sagt mir ganz genau, was jetzt passieren wird. Es ist geil, dein Gewicht auf mir zu haben, mich nicht bewegen zu können, dir so ausgeliefert zu sein. Die Variante im Freien hatten wir noch nicht. Was wirst du machen mit all den Leuten, die hier unterwegs sind?

Ich merke, wie ich mich komplett öffne. Mein Geist und mein Körper schreien danach, genommen und gefüllt zu werden. Ja, nehmen sollst du mich, aber ich werde es dir nicht einfach machen. »Hey, lass mich los! Ich bekomme kaum Luft – du Arsch«, sage ich provozierend.

»Ja, ja, aber große Reden schwingen«, sagst du frech grinsend. Ich kann es in deinen Augen sehen, da ist ein Plan am Entstehen. Ich wehre mich und spanne meine Muskeln an, aber du presst mich sofort härter auf den Boden. Oh, ist das geil. Dein Schwanz ist schon hart und drückt sich durch den dünnen elastischen Stoff der Radhose. *Komm schon …*, denke ich und versuche, dir einen Grund zu geben, deinen Plan in die Tat umzusetzen. »Nimm deinen harten Arsch von mir«, sage ich patzig. Das müsste reichen.

»Ach, harter Arsch. Wie redest du mit mir? Erst aufgegeilt an mir in aller Öffentlichkeit rumschrauben, du geiles Fickstück, und jetzt noch beschweren. Du brauchst mal wieder eine Lektion, damit du weißt, wo du hingehörst!«, kommt es prompt von dir. Dann rutschtst du mit deinem Hintern komplett auf meinen Brustkorb und deine Knie halten meine Oberarme auf dem Boden. Ich kriege noch weniger Luft. Dein praller Schwanz ist jetzt ganz nah an meinem Gesicht. Oh ja, mach weiter. Ich will das hier und halte ganz still.

»Ja, ja, du hast recht, ich bin geil auf dich. Willst du mich hier haben?«, frage ich kleinlaut und denke: *Bitte, bitte, nimm mich jetzt.* Der Gedanke, dass hier in kurzen Abständen Radfahrer und Spaziergänger vorbeikommen, die uns dabei sehen oder hören könnten, macht mich ganz kribbelig.

»Du kleine geile Schlampe – meinst du, du wedelst ein bisschen mit deinen Titten und das war es? Das glaubst du doch selbst nicht«, sagst du scharf mit ernster Miene. Ich liebe es, wenn du das tust. Ich brenne innerlich und mein Verstand verglüht. Es fehlt nicht viel und ich würde mich für einen harten Schwanz auch nackt auf die Straße knien. Und das weißt du genau. Du wirst es voll auskosten … Ist das geil, ich bin dir komplett ausgeliefert.

»Na gut, wenn du dich benimmst, wie es sich für ein geiles Fickstück wie dich gehört, fällt die Lektion nicht ganz so hart aus. Hast du mich verstanden, du geile Schlampe?«, herrschst du mich an und reißt mich aus meiner Geilheit in die Realität.

»Ja, ich benehme mich«, antworte ich noch etwas abwesend.

Du greifst in meine Haare, ziehst meinen Hals in die Länge und beugst dich zu mir herunter. »Wie heißt das richtig? Meine Geduld ist am Ende.«

»Entschuldige, Herr. Bitte nimm mich. Ich habe meine Strafe verdient. Ich werde dir eine willige Lustsklavin sein. Bitte,

bitte …«, sage ich und senke devot meinen Blick auf mein Brustbein. Dass ich dabei direkt auf deinen harten Schwanz schaue, macht die Sache nicht einfacher.

»Ich weiß nicht, was ich mit dir unwilligem Stück anfangen soll«, sagst du, steigst von mir herunter und ziehst mich in die Höhe. Zwei flinke Handgriffe, schon ist mein Radeinteiler bis zum Bauch geöffnet und die Schulterpartie ist über die Oberarme gespannt. Ich kann meine Arme nicht mehr richtig bewegen und meine drallen Brüste quetschen sich durch die Öffnung ins Freie. Dann drehst du mich um und schubst mich mit einem Stoß in den Rücken zu Boden. Meine nackten Titten werden flach und hart in das trockene Laub gedrückt, meine geschwollenen Nippel reiben dabei hart am Boden. Mein praller Arsch und meine nasse Fotze drücken sich in den gespannten Stoff meiner Hose. Du stehst hinter mir und betrachtest mich.

Ich höre das Klatschen von Kunststoff. *Was macht er da*, denke ich noch, als mein Arsch schon Feuer fängt. Kurze schnelle Schläge prasseln auf meine Backen. Gerade so fest, dass es wehtut. *Scheiße – was ist das? – Scheiße, ist das geil*, rauscht es in meinem Kopf. Die Wärme aus meinen Backen fließt wie Lava ganz langsam und unaufhaltsam in meine Mitte. Das Wissen, dass in wenigen Sekunden meine Fotze brennen wird, lässt sie schon glühen. Mit einer Hand streichst du mir über den Hintern. Dann nimmst du deine heißen Hände, teilst die Fleischberge und knetest sie. Dabei bringst du mich in Position, wie du mich haben willst. Du ziehst mich an den Haaren in die Höhe und den Einteiler bis zu meiner Hüfte. Deine starke Hand greift von hinten unter mein Kinn und zieht meinen Oberkörper in eine aufrechte Position. Mit deinen Beinen in meinem Rücken und Hintern kann ich mich kaum bewegen. Die Spannung in meinem Oberkörper wird so groß, dass meine Schenkel nachgeben und sich weit spreizen.

»Hände hinter den Kopf«, kommt ein knappes Kommando und ich gehorche schnell. Mit einem Ersatzschlauch für dein Fahrrad, den du im Trikot hattest, fesselst du meine Hände und ziehst mich in die Höhe, sodass mein Körpergewicht mehr auf meinen Füßen als auf meinen Knien ruht. Die Schenkel gespreizt, die Hände über den Kopf gebunden – so liebst du es und ich auch …

»Benimm dich und gehorche. Was mit unartigen Mädchen passiert, weißt du …«, sagst du, während du dich neben mich stellst. Mit einer Hand greifst du an meine harten Nippel und reibst sie zwischen Daumen und Zeigefinger. Die Staubschicht der trockenen Erde ist wie Schmirgelpapier. Ich nicke artig und bewege mich. Nicht die Schmerzen, sondern meine Geilheit lassen mich nicht still sitzen.

Zufrieden bückst du dich zu mir herunter und deine Hand fährt über meinen Bauch in meine Trikothose. Deine Finger fahren durch meine rasierte, offene Fotze. Ring- und Mittelfinger reiben schnell und hart meine Klitoris. Mir schießt die Geilheit durch den Körper, ich japse nach Luft und kann nicht still sitzen. *Scheiß auf die Schmerzen in den Füßen*, denke ich und versuche, mich gegen die Finger zu pressen. *Ja, ja … da kommt die Erlösung.*

Du ziehst die Finger aus meiner Hose und grinst mich an. Ich könnte heulen und gleichzeitig schiebt mich meine Geilheit auf ein höheres Niveau der Lust. Du ziehst mir die Hose über die Hüfte und über die Knöchel. Du siehst dir genüsslich meine nasse gespreizte Fotze an und hast ebenso freien Blick auf meinen jetzt nackten Arsch.

»Na, mein zeigefreudiges nacktes Fickstück. So magst du es – splitterfasernackt. Alle mit deiner nassen Fotze und den dicken Titten aufgeilen. Ja, komm, zeig uns, wie geil du bist«, raunst du mir zu.

Wie verdammt recht du hast, denke ich, während ich die kühle Luft auf meiner Haut, auf meiner nassen Fotze spüre. Ich stehe offen und laufe aus. Ich bin mehr als bereit, gestopft zu werden. Ich will einen Schwanz. Gebt mir einen verdammten, harten Schwanz.

»Hörst du die Räder auf dem Asphalt da draußen? Lauter durchtrainierte Typen. Wenn ich den Busch beiseitebiege, will dich jeder mit seinem Schwanz von hinten auframmen und durchficken. Ja, das hättest du gern, aber das geht nicht, denn deine Löcher gehören mir. Du kannst ja beim Ficken schön laut werden. Vielleicht hört dich einer und schaut vorbei, du Drecksau. Mach dein Maul auf, du Fickstück.«

Du hast recht, ich bin nass und schwanzgeil. Die Vorstellung, von vielen Schwänzen durchgefickt zu werden, macht mich wahnsinnig. Aber gehört werden? Ich öffne meinen Mund in Erwartung, endlich deinen Schwanz in eines meiner Löcher zu bekommen, und bin überrascht, als du mir dein geknülltes Stofftaschentuch in den Mund schiebst. Erleichterung und Enttäuschung machen sich breit. Erleichterung, dass ich laut sein kann, ohne gehört zu werden, und Enttäuschung, dass ich weder einen Schwanz im Mund habe noch die gedankliche Option, nach harten Schwänzen zu schreien.

Zufrieden und grinsend stehst du neben mir. Du beginnst, die Innenseite meiner Unterarme zu streicheln, die Armbeugen und die Innenseite meiner Oberarme. Gänsehaut breitet sich aus. Du gehst in die Knie und fährst mir über die Schultern den Rücken hinunter. Dein Gesicht ist ganz nah an meinem. Deine Hände streichen wieder nach oben bis zum Haaransatz. Meine Nippel sind zum Bersten gespannt und hart. *Fass mich an – richtig*, denke ich und deine Hände gleiten wieder nach unten. *Nach unten, bitte*, versuche ich dich telepathisch zu beschwören. Die Hände gleiten über meine Arme nach unten auf meine Brüste. *Oh ja*, jauchze ich innerlich. Deine Fingerspitzen erreichen meine Nippel und nehmen sie gefangen. Daumen und Zeigefinger zerreiben mein hartes Nippelfleisch. Die Schmerzen schießen direkt in meine Fotze. Ich kann spüren, wie sie sich noch weiter öffnet. Dann die warmen Handflächen, deren Berührungen in meinen Körper ausstrahlen. Ich schließe die Augen vor Glückseligkeit. Zwei Schläge auf meine prallen Titten reißen mich zurück. Der Schmerz ist fast unerträglich. Ich schreie in das Taschentuch. Die Schmerzen klingen in dem Augenblick ab, als deine Hände wieder streicheln. *Mehr, mehr*, schießt es mir durch den Kopf. Deine Hände gleiten über meine Hüften an meinen Arsch und kneten meine drallen Arschbacken wie Knetmasse. Dabei ziehst du mich auf. Meine Fotze gibt dem Zug der Finger mit einem schmatzenden Geräusch nach und mein Arschloch zuckt in der kühlen Luft. Du küsst mich auf die Stirn. Die Stelle frisst sich in meinen Kopf. Ich kann spüren, wie sich von dort aus mein Körper teilt. Mein Innerstes will sich dir entgegenschieben, sich für dich öffnen. Erneutes Klatschen auf meinen Titten. Der Schmerz fährt in mich und ich schreie kurz auf. Deine zehn Finger gleiten von meinen Titten über den Bauch und ziehen die Hitze in zehn Bahnen in Richtung meiner weit geöffneten zuckenden Fotze. Du streichelst meine geschwollenen feuchten Schamlippen. Nur außen, im Schritt. Dann ziehst du sie weit auseinander. Jetzt tropft es endgültig aus mir heraus.

Ich rutsche auf den Unterschenkeln hin und her. Die Finger deiner linken Hand streichen durch den nassen Schlitz und die der rechten fahren mir über den Arsch. So verteilt sich meine Nässe unter deinen festen massierenden Bewegungen. Dann schiebst du mir zwei Finger einfach mitten in die Nässe meiner Öffnung und beginnst, mich nach innen hinein zu erkunden. Mein Becken kreist, schiebt sich dir entgegen. Mal nach vorn, mal nach hinten – meine Fotze spießt sich tiefer und tiefer auf deine wühlenden Finger, mit denen du meinen Kanal füllst. Unter meinen Bewegungen schiebt sich mein Arschloch auf deinen Daumen, gibt irgendwann auf und dehnt sich willig.

Das Tempo der Finger wird schneller in meiner hitzigen Möse. Deine Finger ficken mich tief, rhythmisch und hart. Rein und raus. Dein Daumen hält mich aufgespießt in Position, während deine Finger mich immer tiefer vögeln. Ich vergesse alles um mich herum und spüre nur noch deine fickenden Finger und die harten kleinen Stiche in meinem Arsch. Ich nehme die Bewegung auf und beginne selbst, mit kleinen zuckenden Bewegungen deine drängenden Finger zu ficken. Ich zittere, winde mich vor Lust und stöhne hemmungslos in das Taschentuch.

Ist das geil, oh ja, fick mich, flammt ein kurzer Gedanke durch meine Geilheit. Dann spüre ich deine feuchten Lippen auf meinem linken Nippel und deine warme harte Zungenspitze, die ihn umkreist. Dein Mund saugt fest meinen linken Tittennippel und deine Zähne massieren mein Tittenfleisch. Der ohnehin harte Nippel schwillt in deinem Mund weiter an. Meine Gedanken kreisen kurz um deinen geschwollenen, harten und sicherlich schmerzenden Schwanz. Wie lange hältst du das noch aus? Aber dann versinkt mein Hirn in einem Schwall von Lust und wunderbarem Lustschmerz. Ich gebe mich meiner Geilheit hin. Würde mich jetzt einer der Radler entdecken und nehmen wollen, ich wäre wie eine läufige Hündin bereit für jeden Schwanz.

Ich merke, wie es aufsteigt, unaufhaltsam schiebt sich eine Wand auf mich zu, die mich zermalmen, zerquetschen und zerreißen wird. »Scheiße, scheiße …«, jammere ich unverständlich in das nasse Taschentuch. Dann klatsche ich gegen die Wand und nichts passiert.

Du stehst vor mir, grinst mich mit zwei nassen Fingern an und wischst den Fotzensaft an meinen Titten ab. Ganz langsam und lässig. Ich bekomme das alles nur durch einen Nebel mit. Meine Gedanken werden wie in einem Eisbad abgekühlt, während mein Körper noch dem ausbleibenden Orgasmus entgegeneilen will.

»Na, na, na, du geile Ficksau. Hast du mich gefragt, ob du kommen darfst? Du verficktes Stück kommst dann, wenn ich es dir erlaube … oder vielleicht auch gar nicht!«

Ich stöhne laut frustriert in den nassen Stoff in meinem Mund und schaue dich bettelnd an. Als das nicht hilft, zerre ich wie wild an meinen Fesseln und versuche, das nasse Stück Stoff loszuwerden. Beides gelingt mir nicht. Frust und Wut steigen in mir auf und werden von meinem unbändigen Verlangen nach einem harten Stück Schwanz gleich wieder verschluckt. *Ich bin eine Ficksau, ja, das bin ich und ich brauche einen Schwanz in meinem Loch*, denke ich und bettle dich wieder an. Keine Regung. Mein Körper verlangt nach Erleichterung und mein Geist kann ihn nicht kontrollieren. Ich versuche, meine Schenkel gegeneinanderzureiben, aber das bringt nichts, außer meine Lust weiter anzufachen. *Du gibst ein armseliges und jämmerliches Bild ab, es dir selbst zu machen*, denke ich und reibe mich trotzdem vor deinen Augen weiter.

»Nicht wichsen, du Fickschlampe. Ich mag es, wenn du mich anbettelst.«

Ja, denke ich. *Es macht dich an. Du bist geil. Dein Schwanz ist so hart, dass es dir wehtut. Deine Eier sind dick geschwollen, zum Platzen gefüllt und müssen dir wehtun … Du kannst nicht anders, du kannst nicht ewig warten und mich hinhalten, du Arsch.*

»Ich ficke dich noch, du geiles Stück Fickfleisch. Nur wirst du dann kommen, wenn ich es dir erlaube, kapiert?«

Ich nicke heftig. Ich wusste es. Ja, ich werde endlich einen harten dicken Schwanz bekommen. Ich atme tief durch. *Beruhig dich*, rede ich mir ein.

Du hältst ohne Problem durch. Dann schiebst du die Zweige beiseite und gehst nach draußen. Von der anderen Seite aus grinst du mich an. Ich höre das typische Surren von Mountainbike-Reifen. Du betrachtest mich da nackt baumelnd auf den Knien, leicht verschwitzt und aufgewühlt. Das Surren wird lauter. Panik und Geilheit beginnen miteinander zu kämpfen. *Hoffentlich sieht mich keiner so hier hängen … Hoffentlich sieht mich einer so nass und fickbereit und hat Erbarmen mit mir und fickt mich besinnungslos.* Im Sekundentakt schießen meine Gedanken dazwischen hin und her. Dann flutschen die Zweige wieder an ihren Platz.

»Ich habe noch etwas vergessen. Schön leise sein. Ich will nicht wiederkommen und feststellen, dass es dir ein anderer hart besorgt, nur weil er dich so findet. Oder du machst es ihm gut und zeigst ihm, was für ein geiles Fickstück du bist.«

Stille. Blätterrascheln. Da ist sie wieder, die Angst, die gegen die Geilheit kämpft. Verdammt. Ich will nicht entdeckt werden und schon gar nicht von irgendeinem Typen gefickt werden. Aber die Vorstellung, von einem fremden, harten, geilen Schwanz heftig genommen zu werden, während du zusiehst, heizt mich total an. Ich halte trotzdem ganz still.

Es dauert eine Ewigkeit. Eine Gruppe Radfahrer fährt an meinem Busch vorbei. Mir ist heiß, obwohl die Luft angenehm kühl auf der Haut ist. Ich bin so gierig danach, dass du wiederkommst, mich nimmst und benutzt. So angefickt, komme ich einfach nicht runter und das Warten macht es auch nicht besser. Ich kann dich durch die Blätter erkennen. Du warst bei den Rädern.

Endlich schiebst du den Ast beiseite und kommst zu mir

ins Halbdunkel des Busches. Erwartungsvoll richte ich mich auf, um mich dir zu präsentieren. Ich hoffe, dich mit dem Anblick meiner nassen roten Fotze zwischen meinen gespreizten Schenkeln und meinen hochgereckten Titten aufzugeilen. Natürlich ist es offensichtlich, dass ich eine läufige Hündin bin, die gedeckt werden will. Du quittierst mein Bemühen mit einem breiten Grinsen. Das heizt mich weiter an.

»Na, du kleine Fickschlampe. Da hat dich wohl keiner gehört und ist gekommen, dich so richtig schön durchzubumsen. Die waren wohl alle zu sehr mit dem Radfahren beschäftigt und haben das tolle Angebot hier verpasst. Du hättest es bestimmt mit jedem getrieben, so nass und geil wie du bist. Bietest hier deine triefende Fotze an und reckst die geilen Titten in die Luft. Du bist eine richtige Ficksau.«

Jede Beschimpfung, jedes Wort machen mich willenloser. Du hast recht, ich kann nur an Ficken denken. Der Anblick deiner muskulösen Beine und deines Arschs ... Ich will gefickt werden – hart und unbarmherzig. Du streichelst sanft meine Titten. Ich versuche, mich dir entgegenzudrängen. Ich will nicht noch mal von vorn beginnen. Ich wünschte, du würdest meine Titten einfach brutal greifen und sie die Kraft deiner Hände und deiner Gier spüren lassen, aber du spielst nur und je mehr ich meinen Körper nach vorn schiebe, desto mehr entziehst du dich.

»Na, na, na, wer wird denn gleich so gierig sein?«

Während die linke Hand weiter mit meinen zitternden, sich schamlos anbietenden Titten spielt, fährst du mit der anderen mit einem kalten metallischen Gegenstand meinen schweißnassen Rücken herunter. Ich bin so konzentriert, dass ich gar nicht mit bekomme, wie deine Hand von meinen Titten ablässt und den Bund deiner Radlerhose nach unten schiebt, um deinen Schwanz zu befreien. Hart und steif und mit schwerem

Sack steht er neben meinem Gesicht. Du umfasst deinen so schönen, aufgerichteten Schwanz, ziehst die Haut zurück und legst die nasse rote Spitze frei. Sie glänzt und der Saft tropft in einem zähen Faden zu Boden. Du lässt die nasse Eichel über mein Gesicht gleiten, über meine Wange, die Nase und meine Lippen. Du wichst dich und stupst mich immer wieder mit deiner harten Schwanzspitze im Gesicht an. Ich schmiege mein Gesicht an deinen Schwanz. Ich will ihn in irgendeiner meiner Öffnungen. Du nimmst mir das nasse Taschentuch aus dem Mund. Ich atme durch, seufzte und schnappe nach dem prallen harten Schwanz vor meinem Gesicht. Sofort fährt deine Linke, die sich von meinem Rücken gestohlen hat, in meine Haare und reißt meinen Kopf nach hinten.

»Wenn ich will, dass du meinen Schwanz in den Mund nimmst, dann sage ich dir das. Du darfst ihn schön langsam abschlecken.«

Du stellst dich vor mich. Dein Schwanz ist hart und zeigt nach oben, sodass die Eichel freiliegt. Aus der Öffnung rinnt Flüssigkeit. Du stehst so weit von mir weg, dass ich gerade mit der ausgestreckten Zungenspitze deine saftige Eichel erreichen kann. Ich streiche mit der Zunge über sie und schlecke den Saft ab. Mit der Spitze bohre ich in die kleine Öffnung, um noch mehr von dem herrlichen Saft zu bekommen. Du machst einen Schritt auf mich zu. Ich nehme deinen harten Schaft zwischen die Lippen und lutsche ihn ab. Lasse meine Zunge über die Adern gleiten. Feuchte den prallen Stab an, der anschwillt. Durch die Adern unter der Haut schießt das Blut in deinen Schwanz. Die angespannte Haut pulsiert, der Ständer wird härter und dicker und die Eichel wird tiefrot. Die Haut darunter scheint fast unter dem Druck zu bersten. Du nimmst meinen Kopf in beide Hände und drückst mir deinen Schwanz ins Gesicht – die heiße Eichel auf die Stirn und den schweren Sack auf meinen Mund. Ich sauge ein rasiertes Ei in meinen Mund. Es scheint dir zu gefallen und du lässt mich gewähren. Ich lecke, sauge und züngle ausgiebig deinen Hoden und den Ansatz deines Schwanzes. Der Duft und die Wärme machen mich selig. Ich will ihn nicht mehr hergeben. Als ob du es ahntest, machst du einen großen Schritt zurück und lässt den Gummibund deiner Hose über den riesigen Schwanz flutschen. Selbst dieser scheint sich dagegen zu wehren. Die dicke rote nasse Eichel schaut über den Bund heraus. Doch du scheinst keine Gnade mit mir zu haben. Du willst mich um den Verstand bringen.

»Nein, nein, nein, lass das. Gib ihn mir wieder«, flehe ich dich an.

»Du bist zu gierig, du Fickstück. Wer hat dir überhaupt erlaubt zu reden? Du bettelst wirklich nach einer harten Strafe. So eine gierige Schlampe braucht eine Abkühlung.«

Du schnappst dir meinen feuchten Knebel und mit einem Lachen schiebst du ihn zurück in mein gieriges Mundwerk. Ich kann protestieren, doch du wirst mich zappeln lassen.

»Schau mal, was ich wiedergefunden habe. Das wird dich abkühlen.«

Deine kleine Luftpumpe aus Aluminium. Ein dickes Torpedorohr. Was willst Du damit? Mir den Hintern versohlen? Dafür ist es zu klein – selbst ausgezogen. Soll ich als Ersatz für deinen Prügel daran rumlutschen?

Du kniest dich ganz dicht hinter mich, deine Knie zwischen meinen. Dann spreizt du deine Knie ganz langsam und drückst meine Schenkel auseinander. Meine aufgewühlte feuchte Fotze öffnet sich weit. Du legst von hinten die Rundung der Pumpe auf meinen rechten Nippel. Das kalte Metall lässt einen eisigen Blitz durch meine Titte zucken und schickt einen Schlag in meine Möse. Mein Nippel zieht sich sofort steinhart zusammen.

Langsam fährst du mit dem Metall über meine Tittenhügel und dann den Bauch hinunter. Ich bekomme eine Gänsehaut auf den Titten und es läuft mir kalt und heiß den Rücken herunter. Ich stöhne in meinen Knebel und schüttle den Kopf wild hin und her, als die Pumpe meinen Bauchnabel erreicht. Meine Möse fängt an, die Luft zu ficken.

Dann schiebst du mir mit einem schnellen Ruck die harte und kalte Metallstange in mein klaffend offenes Loch. Ich bäume mich auf und versuche, die Schenkel zu schließen. Ich presse meine Schenkel gegen deine, die sich keinen Millimeter bewegen. Meine Titten springen wild herum, mein Kopf fliegt hin und her und wenn der Knebel nicht wäre, dann würde ich jetzt den Wald zusammenschreien. So wird lediglich ein tiefes kehliges Knurren daraus.

Während die beißende Kälte sich erbarmungslos geil in mir hochschiebt, zucke ich wild hin und her, doch es nützt nichts. Du schiebst Zentimeter um Zentimeter die Pumpe in mein sich eng zusammenziehendes Fotzenloch. Bis zum Anschlag treibst du sicherlich zwanzig Zentimeter in mich und hältst sie da. Ich winde mich und belle fast heiser keuchend in den Knebel. Die Kälte nimmt ab und du beginnst, mich mit der dicken Metallpumpe zu ficken. Meine Fotze ist wegen der Kälte eng. Ich spüre den gleitenden Metallstab intensiv und umklammere ihn beim Geficktwerden fest. Du lässt nicht nach und schiebst mir das Ding immer wieder in mein aufgerissenes Loch.

Irgendwann lässt du von mir ab und ziehst das Metallrohr aus mir heraus. Du stellst dich hinter mich und hebst meinen Arsch in die Höhe. Meine Arme werden gestreckt und zwingen mich ins Hohlkreuz. Ich spüre deine Eichel an meinem Loch. Du drückst mich vorsichtig auseinander. Deine Eichel schiebt sich langsam durch den Muskel und dehnt mich weit.

Ich stöhne in den Knebel. Ich zittere am ganzen Körper. Du packst meine Titten hart an den Nippeln und ziehst mich dann fest und bestimmt herunter. Mein Arsch schiebt sich weiter in die Höhe. Die Spitze deines prallen Schwanzes presst sich unglaublich heiß gegen meine Fotzenlippen, dringt wie glühendes, hartes Eisen in meinen Fickkanal ein und erzwingt sich einen Weg in meinen Bauch. Du ziehst weiter an meinen Titten. Schmerzen schießen von dort über meinen zum Brechen gebogenen Rücken auf meine tropfende Möse zu. Tiefer und tiefer stößt du mich und dein harter, unnachgiebiger Schwanz scheint sich noch in mir auszudehnen. Mein Körper ist bis in die kleinste Sehne gespannt. Ich genieße jeden Stoß, der meine Fotze spaltet und deinen Schwanz bis zu den Eiern in mich rammt.

Deine Hand klatscht unvermittelt auf meinen Arsch. Links, rechts und noch einmal links. Kleine Stiche fahren in mich. Ich versuche, mich dir noch mehr zu öffnen und dir meine Fotze entgegenzuschieben. Doch mein Körper erlaubt mir nur ein sanftes Zucken meiner Hüften. Meine Nippel brennen und die Hitze ergießt sich zwischen meine Schenkel.

Nach einer Weile aber packen deine Hände meine wild zuckenden Hüften, halten mich fest und pressen deinen harten Ständer bis zum Anschlag fest in mich. Ich gehorche und bleibe still. Keuchend und stöhnend winde ich mich ausgedehnt und aufgespießt. Du ziehst dich aus mir heraus und schiebst dich wieder in mich – ganz langsam. Ich stöhne knurrend laut in den Knebel und wimmere ausgefüllt auf, schiebe mich dir fest mit gierigem Arsch entgegen. Du keuchst heiser und rammst mir dabei deinen Hammer immer wieder brutal tief von hinten in mein Loch. Deine Hände krallen sich mit den Nägeln fest in das Fleisch meiner festen Arschbacken. Du rammst dich in mein erwartungsvolles Fickloch und prügelst deinen Schwanz hart in mich. Meine bebenden Titten, die von der Schwerkraft wie feste runde Halbkugeln nach unten gezogen werden, schwingen auf und ab im Rhythmus deiner harten Stöße und klatschen aneinander.

Du achtest gar nicht mehr auf mich. Stöhnend und kurz atmend fährst du in mich. Ziehst dich aus mir saugend umklammert heraus, um wieder mit Kraft tief in mich hineinzurammen. Du bumst meinen willigen Körper einfach nur zu deinem Vergnügen. Ich bin jetzt nichts anders als eine einzige große bereite Fickfotze für dich, die dazu da ist, deinen Schwanz zu befriedigen. Ich gebe mich diesem wilden unbeherrschten Rammeln hin und genieße es, deine Fickfotze, deine Stute, dein Fickstück, deine geile Fickschlampe zu sein.

Du wirst schneller, stößt noch tiefer, noch härter und dein praller Schwanz wird noch dicker. Ich habe das Gefühl, innerlich zu zerreißen. Du bist kurz davor zu kommen. Deine Schwanzspitze pflügt hart durch die Nässe in meinem Loch. Ich kann mich nicht mehr dehnen. Ich stöhne, dein Schwanz zuckt und beginnt, in langen Stößen deinen heißen Saft pulsierend in mich zu spritzen. Meine Fotze zuckt wild, ich schreie in den Knebel. Mein ganzer Körper arbeitet gegen die gedehnte Haltung. Ich wimmere und stöhne. Du keuchst erschöpft und ziehst dich aus mir heraus. Mein Körper sucht eine bequemere Haltung, meine Hände sind kalt und taub, meine Knie aufgeraut vom Reiben im Laub des Busches. Ich bin erschöpft und glühe. Meine Beine zittern. Ich lasse mich ins Laub sinken. Langsam beruhige ich mich. Die Heimfahrt muss noch warten.

Sauna nach der Arbeit

Nach einem langen Arbeitstag freute ich mich auf ein paar entspannte Saunagänge. Einfach die Seele baumeln lassen und ein kleines Nickerchen machen. Nach der Umkleide steuerte ich eine der Wellnesssaunen an, um mich langsam an die hohen Temperaturen zu gewöhnen. Ich saß einige Minuten allein in der Sauna, als sich die Tür öffnete und ein Pärchen hereinkam, welches freundlich grüßte und sich mir gegenüber niederließ. Die Frau setzte sich gleich nach oben, er auf die gleiche Ebene wie ich. Die beiden unterhielten sich leise über ihren Freundeskreis. In dem kleinen Raum blieb es trotzdem nicht aus, dass ich das Gespräch mithörte, auch wenn meine Gedanken noch um den Tag kreisten. Er, ein etwas untersetzter Typ, regte sich über eine gemeinsame Freundin auf, die ihm nahegelegt hatte abzunehmen. Er war überzeugt, dass er sportlich und gesund lebe und die wenigen Kilos nicht der Rede wert seien. Ich konnte die Freundin aber gut verstehen. Das waren nicht nur ein paar Kilos. Seine Partnerin beschwichtigte ihn und lenkte das Gespräch auf ein anderes Thema. Ich musste ein Grinsen unterdrücken. Sie hatte den Typen gut unter Kontrolle. Irgendetwas stimmte aber an dem ungleichen Paar nicht. Ich musterte beide. Sie war im Gegensatz zu ihm schlank und durchtrainiert. Ihre Brüste waren straff und rund, ihre festen dunklen Nippel umrahmt von kleinen Warzenhöfen. Bisher hatte ich ihr keine große Beachtung geschenkt. Eigentlich unverzeihlich, denn sie war eine sehr hübsche Person. Ich ließ immer wieder meinen Blick über sie gleiten. Von meinem Platz aus konnte ich zwischen ihre langen und schlanken Beine schauen. Ich ließ meinen Blick kurz auf ihrem Schoß ruhen. Sie war bis auf einen schmalen Streifen rasiert und ich konnte ihre symmetrischen Schamlippen sehen. War es Absicht, mir den Anblick zu gewähren, oder nur Zufall? Ich schloss die Augen, doch der Anblick brannte sich in mein Gedächtnis. Schlimmer noch: Meine Gedanken fingen an, Karussell zu fahren. Ich stellte mir vor, wie ich mich zwischen ihre wohlgeformten Schenkel kniete und mit meiner Zunge die Lippen entlangfuhr. Mir wurde heiß. Ich saß schon viel zu lange in der Sauna. Ich musste raus. Im Rausgehen verabschiedete ich mich kurz von den beiden. Der kleine Dicke jammerte der Schönen weiter die Ohren voll, seine Freundin würde an ihm herummäkeln.

Oh, mein Gott. Dann mach was oder ertrag es, dachte ich beim Rausgehen.

Als ich im Ruheraum lag und ein wenig vor mich hindöste, fiel der Groschen endlich. Die beiden waren gar kein Paar.

Da ging die Tür auf und sie kam eingewickelt in ein Handtuch herein – ohne Anhang. *Was für Beine*, dachte ich mir. Dieser Körper wollte mir nicht mehr aus dem Kopf. Meine Gedanken drehten sich nur noch um die hübschen Körperteile und was ich alles mit ihnen anstellen wollte. Nach ein paar Minuten erhob sie sich und ging in Richtung der Saunen. Ich folgte ihr mit Abstand und setzte mich in dieselbe Sauna ihr gegenüber ganz oben auf die Bretter.

Eine Seite des Handtuchs hatte ich über meinen Schoß geschlagen. Neben mir saßen noch zwei Frauen. Ich wollte mich für den Anblick und mein Kopfkino revanchieren und öffnete meine Beine leicht, sodass sie mir von unten in den Schritt schauen konnte. Ich beugte mich vor, legte meine Unterarme auf die Knie und spannte meine Bauch-, Brust- und Armmuskeln an. Ich wollte ihr etwas bieten. Aus dem Augenwinkel konnte ich sehen, dass sie mir genau zwischen die Beine schaute. Eins, zwei, drei und ich blickte ihr ins Gesicht und lächelte sie an. Es verfehlte seine Wirkung nicht. Sie lächelte verlegen zurück.

Den Kopf nach unten gesenkt und den Blick auf meine Füße gerichtet, ließ ich sie noch ein wenig schauen. Dann richtete ich mich auf, zog mit der Linken das Handtuch zurück und drückte es gerade so weit nach unten, dass es nichts mehr zu sehen gab. Mit der Rechten wischte ich mir den dünnen Schweißfilm vom Hals und von der Brust. Ich trocknete meine Hand an meinem Handtuch ab und schob es dabei von meinem rechten Oberschenkel. Das Handtuch hing jetzt mit einem Ende über meinem Schwanz und meinen Eiern. Da ich mir ihrer Blicke sicher sein konnte, öffnete ich die Beine etwas weiter, wohl wissend, dass mein Handtuch alles verdeckte. Ja, ich wollte mich revanchieren für den Blick auf ihre symmetrischen Lippen und das irre Kopfkino.

Die beiden Frauen standen auf, verabschiedeten sich und verließen die Sauna. Die Unbekannte lehnte sich an die Stufe in ihrem Rücken und stützte ihre Ellenbogen auf. Ihre Hände hingen neben ihren Brüsten und betonten sie noch mehr.

Ich lächelte sie an und dachte mir: *Was für ein Luder*. Sie erwiderte das Lächeln und strich sich mit einer Hand den dünnen Schweißfilm von der Brust. Ihre Brustwarze richtete sich auf. Ein geiler Anblick. Wir beide spielten mit dem Feuer. Ich nahm das Handtuch in die Hand. Das eine Ende rutschte mir zwischen die Beine und baumelte vor meinem Schwanz. Mit dem anderen Ende wischte ich mir den Schweiß von der Brust, den Armen und dem Bauch. Ich würdigte sie keines Blickes – ich war ganz mit mir beschäftigt. Aus dem Augenwinkel beobachtete ich, wie sie sich gedankenverloren mit den Fingern über ihre Warzen strich – mit dem Ergebnis, dass mich nun beide Nippel steif und dunkel anstarrten. Oha, sie war eindeutig im Vorteil.

Mein Schwanz war gut durchblutet. Nicht steif, aber groß und prall. Mein Sack war durch die Hitze sehr entspannt und meine Eier hingen schwer zwischen meinen Beinen. Das Handtuch lag noch immer zwischen meinen Beinen. Ich blickte in den Raum und streifte kurz ihren Blick. Sie beobachtete mich genau. Viel Zeit blieb mir nicht. Also wischte ich mir mit dem Handtuch den Schweiß von den Oberschenkeln und legte meinen prallen Schwanz frei. Ich gewährte ihr vollen Blick auf meinen zum Glück noch nicht steifen Schwanz.

Ohne Scham musterte sie meinen Schritt und leckte sich die Lippen. Dann lächelte sie mich an und pustete hörbar die Luft aus ihren Lungen. Ich merkte, wie sich das Blut in die Schwellkörper presste, und ließ das Handtuch auf meine Oberschenkel fallen.

Sie lächelte immer noch und sagte: »Der zweite Gang ist immer heftiger als der erste.«

Ich grinste und erwiderte: »Das kann man wohl sagen. Hat Ihr Freund schon aufgegeben?«

»Ja, mein Bekannter ist schon gegangen, er hat Stress mit seiner Freundin.«

Das Gespräch war im Gang. Ich wischte mir den Schweiß aus dem Gesicht und legte das Handtuch neben mich. Mein Schwanz war zum Glück nicht fester geworden. Das Gespräch plätscherte vor sich hin und sie schob ihr Becken an die Stufenkante. Die beiden Schamlippen lagen nicht mehr symmetrisch nebeneinander. Sie waren leicht geschwollen und geöffnet. Ich konzentrierte mich auf das Gespräch, beugte mich nach vorn und legte meine Hände ineinander. Sie hob ihr Bein nach oben und ihre Möse öffnete sich weit, bevor sie den Fuß im halben Schneidersitz vor ihr Loch legte und mir den Blick verwehrte.

Jetzt floss eindeutig mehr Blut in meinen Schwanz als abfloss. Ich hatte keine Chance. Mein Schwanz wurde langsam und stetig steif. Ich richtete mich auf und nahm zügig mein Handtuch in den Schoß. Sie hatte aber einen guten Blick auf meinen fast steifen Schwanz. Sie trieb das Gespräch voran und rieb sich mit der Hand den Unterbauch. Ein, zwei Mal hielt sie die Haut fest und zog sie gegen den Bauchnabel – gerade so, dass ich ihre Schamlippen und den Kitzler hinter ihrem Fuß hervorlugen sehen konnte. Meine Eichel drückte sich aus der Vorhaut. Mein Schwanz war betonhart.

»Ich muss mich mal abkühlen«, sagte ich.

Sie lächelte mich an und meinte: »Ja, wir beide sind ganz schön erhitzt und gut durchblutet. Lass uns abduschen – ich warte auf dich am Ruheraum.«

Das kalte Wasser verfehlte seine Wirkung nicht. Das Spiel mit dem Feuer war gefährlich und mein Docht brannte lichterloh.

Vor dem Ruheraum empfing sie mich mit einem erleichterten Lächeln. »Was hältst du vom Whirlpool zum Entspannen?«, fragte sie mich.

Ich tat so, als würde ich überlegen.

»Ach, war nur so 'ne Idee – vielleicht nicht so …«, versuchte sie die kurze Stille zu überbrücken.

»Nein, eine gute Idee. Ich habe nur überlegt, welchen wir nehmen sollen.« Ich konnte ihr die Erleichterung ansehen.

»Komm«, antwortete sie und sie nahm mich an der Hand. Sie wollte den Fisch nicht vom Haken lassen. Die Berührung ließ einen Blitz durch mich zucken, der mir direkt in die Schwanzspitze fuhr. Sofort schwoll er auf seine volle Größe an und drückte gegen das Handtuch, welches ich um meine Hüfte gewickelt hatte. Ich beeilte mich, stieg vor ihr in den Whirlpool und glitt ins Wasser. Sie folgte mir und setzte sich mir gegenüber. Kaum dass wir saßen, schickte sie ihren Fuß auf die Reise, ließ ihn mein Bein hochwandern. Ich öffnete die Beine und ihr großer Zeh fand meinen harten Schwanz. Sie drückte mir ihren Fuß fest gegen den Schwanz. Das war mehr als eindeutig. Ermuntert durch meine fehlende Gegenwehr rutschte sie zu mir und knetete meinen Schwanz mit ihrer Hand.

»Hmm. Das fühlt sich aber sehr gut an«, sagte ich, während ich meine Hand zwischen ihre Beine bewegte. Langsam schob ich meine Finger in sie. Sie schwang ein Bein über mich und setzte sich auf meinen Schoß. Sie ließ mich nicht in sich geleiten, sondern rieb sich über meine Eichel. Die drückte ihre Schamlippen auseinander und rieb über ihren Kitzler. Ich wurde noch geiler. Mit einem tiefen Blick in meine Augen schob sie sich langsam auf meinen prallen Schwanz. Meine Spitze durchstieß ihr Loch und drückte sich in ihre Spalte. Sie hob ihren Hintern leicht an senkte ihn unter heftigem Ausatmen langsam wieder.

Ich konnte fühlen, wie sich ihr Loch dehnte und ich noch tiefer in sie glitt. Nach drei, vier vorsichtigen Stößen wollte ich nicht länger warten. Mit beiden Händen griff ich ihre Hüfte und stieß meinen Unterleib nach oben. Sie presste mir die Titten gegen die Brust und stöhnte mir ins Ohr. Jetzt gab es kein Halten mehr. Ich begann, sie richtig zu ficken. Sie stöhnte mir bei jedem Stoß ins Ohr. Ich schaute über ihre Schulter. Niemand war in unserer Nähe und nahm Notiz von uns.

Ich schob sie auf den Sitz neben uns, ohne meinen Schwanz aus ihr zu nehmen. Zwischen ihren Beinen kniend rammte ich ihr den Schwanz in die Möse und drückte ihn nach. Das Wasser klatschte und spritzte mit jedem Stoß. Ich stieß immer schneller und fester zu. Ich konnte fühlen, wie ihr Unterleib zu zucken begann. Sie biss sich auf die Lippen, um nicht laut zu stöhnen. Ich stieß noch fester zu und drückte meinen Schwanz mit aller Kraft noch einen bisschen tiefer in sie. Ein »Ahhrgnnn« entfuhr ihr und sie kam heftig. Ich konnte nicht mehr und unter wildem Zucken spritzte mein Schwanz sein heißes Sperma in ihre Möse. Sie drückte sich an mich und ein Beben durchlief ihren Körper. Ich lächelte selig und zog meinen Schwanz aus ihr heraus.

Wir lagen im Pool nebeneinander und atmeten beide heftig, bis unsere Orgasmen langsam abebbten. Nach ein paar Minuten verließen wir den Pool und gingen schnell duschen. Ich hatte gerade eine Verabredung zum Essen angenommen. Da wollte ich nicht trödeln.

Die Schöne im Café

In der warmen Frühlingssonne sitzend genieße ich meinen freien Tag in einem Straßencafé. Herrlich angenehm fühlt sich die Sonne auf der Haut an. Ich schließe die Augen und lege den Kopf in den Nacken. Meine Gedanken kreisen um den Artikel, den ich gerade gelesen habe. Holländischen Forschern ist es gelungen, das in der Quantentheorie mögliche Konzept der Quantenverschränkung experimentell zu beweisen. Einstein hat das als spukhafte Fernwirkung bezeichnet. Sind zwei Teilchen miteinander verschränkt, herrscht zwischen ihnen eine Verbindung – egal, wie weit sie voneinander entfernt sind. Zwei Teilchen an verschiedenen Orten können sozusagen fühlen, in welchem Zustand das jeweils andere ist. Die holländischen Forscher konnten zwei verschränkte Elektronen über eine Distanz von einem Kilometer quasi telepathisch interagieren lassen.

Ein interessanter Gedanke, aber ich will mich an meinem freien Tag mit realeren Dingen beschäftigen. So beobachte ich das Treiben in der Fußgängerzone und genieße den Frühlingstag. Eine attraktive Frau Ende dreißig, Anfang vierzig steuert zielstrebig das Café an. Sie zieht meine Aufmerksamkeit auf sich. Ihre Kleidung ist elegant und wohl aufeinander abgestimmt. Ein leichter heller Sommermantel über einer weißen taillierten Seidenbluse, die in einem blauen kurzen Rock steckt, kombiniert mit farblich passenden Pumps lassen sie aus der Menge der vorbeischlendernden Passanten hervorstechen. Sie setzt sich ein paar Tische entfernt an einen freien Tisch. Ich beobachte, wie sie ihre Einkaufstüten neben sich auf den Stuhl stellt und den Mantel darüber legt. Die auf Taille geschnittene Bluse unterstreicht ihre schlanke Figur und betont ihre großen runden Brüste, welche in ein schönes Dekolleté in der geöffneten Bluse münden. Was will man mehr: ein schöner Tag und eine attraktive Frau, an der man sich kaum sattsehen kann.

Sie sitzt mit dem Gesicht zu mir gewandt und nimmt ihre Sonnenbrille von der Nase, um die Karte zu lesen. Dabei klemmt sie sich eine Haarsträhne, die ihr ins Gesicht gefallen ist, hinters Ohr. Während mich ihre Schönheit immer weiter in den Bann zieht, dreht sie sich mit dem Oberkörper nach hinten, um dem Ober zu winken. Dabei rutscht ihr Rock über die Oberschenkel nach oben und gibt den Blick auf wohlgeformte Beine frei. Mir läuft ein leichter Schauer über den Rücken. Eigentlich gibt es nicht viel zu sehen, aber die erotische Ausstrahlung der Frau elektrisiert mich. Ich sinniere, wie ihre Oberschenkel sich anfühlen mögen. Sie dreht sich wieder um und zieht ihren Rock zurecht.

Was für wohlgeformte Oberschenkel, denke ich und kann fast den Stoff der Strumpfhose auf meiner Handfläche spüren. Sie rutscht nervös auf dem Stuhl hin und her und zupft an ihrem Rock herum, während sie beim Ober ihre Bestellung aufgibt. Gedankenversunken betrachte ich den Übergang zu ihrem runden Hintern, der sich in den Rock presst. Ich kann mir förmlich vorstellen, wie der Stoff über dem drallen Hintern gespannt ist und wie hart und fest sich die beiden Pobacken in der Hand anfühlen, wenn man sie massiert. *Träumen wird ja wohl erlaubt sein*, denke ich und lasse verstohlen meine Augen auf ihr ruhen.

Die Schöne erhebt sich von ihrem Stuhl und ich denke: *Bitte nicht den Tisch wechseln – ich will diesen schönen Tagtraum nicht beenden.* Zum Glück richtet sie nur ihren Rock, um sich wieder zu setzten. Wie sie so dasteht und sich ihr Busen gegen die Bluse drückt, überlege ich, welchen BH sie wohl trägt. Es muss ein sehr dünner, vielleicht transparenter sein, da sich die Warzen deutlich unter dem Stoff der Bluse abzeichnen. Während ich über die Form ihrer Brüste nachdenke, kann ich deutlich erkennen, wie sich beide Brüste in den Stoff der Bluse schmiegen und die harten Nippel versuchen, sich hindurchzudrücken. *Was für ein geiler Anblick – die müssen aber empfindlich sein, wenn sie bei den angenehmen Temperaturen so hart werden.* Ihr scheint es wohl etwas kühl zu sein, denn sie nimmt einen Pashmina-Schal aus ihrer Handtasche und legt ihn sich über den Oberkörper. Zu meinem Verdruss, denn ich kann nun ihre geilen Titten nicht mehr sehen. Die ganze Situation macht mich unheimlich an. Ich würde sie einfach gern nehmen – nein eigentlich würde ich es ihr gern besorgen. Sie soll den schönsten, heftigsten, geilsten Orgasmus haben, den sie sich wünscht. *Du edler Ritter, haha*, denke ich mir.

Mich einfach hinter sie stellen, über sie hinweggreifen und ihren Rock nach oben schieben, um ihre nasse Möse zu bearbeiten. Ja, das würde ich jetzt gern machen. Leider schlägt sie gerade die Beine übereinander. *Schade, du weißt nicht, was du verpasst,* denke ich mir. Ich stelle mir vor, wie ich ihre Beine auseinanderschiebe und langsam meine Hand ihren Oberschenkel hochwandern lasse. Ich kann die Hitze und Feuchte zwischen ihren Schenkeln auf meinen Fingerspitzen fühlen.

Was macht sie da, frage ich mich, als sie sich nach vorn beugt. Sie macht den Eindruck, als würde es ihr nicht gut gehen. Sie hat ihr Handy vor sich auf dem Tisch liegen und liest. Ich weiß nicht genau, was, aber irgendetwas stimmt da nicht.

Was macht die Gute da? Bilde ich es mir ein oder bearbeiten ihre Hände unter dem Pashmina-Schal ihre Brüste? *Nein, das bildest du dir ein,* denke ich. Doch ich kann deutlich sehen, wie sie sich auf die Unterlippe beißt. Ich bin elektrisiert, angespannt, fokussiert und nehme meinen harten Schwanz in der Hose kaum wahr. Mir entgeht jetzt keine noch so kleine Bewegung. Ich kann sehen, dass sie ihr Becken langsam vor und zurück schiebt.

Du glaubst es nicht. Sie fickt ihr Höschen – lässt den Zwickel ihrer Strumpfhose ihre Kliti massieren, schießt es mir durch den Kopf. Oh, wie geil ist das denn. Ich stelle mir vor, wie ich zwei Finger in ihr nasses Loch drücke und die Kliti mit dem Daumen massiere, während ich die leicht gekrümmten Finger durch die nasse Fotze schiebe. Die kleine Fickschlampe muss richtig nass sein. Es riecht nach Sex. Diese unerwartete Entdeckung, das verbotene Beobachten machen mich total geil. Mein Schwanz ist betonhart und schmerzt, weil er gegen meine Hose drückt. Am liebsten würde ich aufstehen, sie auf den Tisch schmeißen und ihre nasse Fotze entzweificken.

Beruhig dich wieder. Deine Fantasie geht mit dir durch, sage ich leise zu mir. Aber ich bilde mir doch nicht ein, was ich da gerade sehe. Diese attraktive Frau hat die Kontrolle verloren und macht es sich in der Öffentlichkeit. Zwar sehr verhalten, aber sie macht es sich und ich kann es von meinem Platz aus sehen. Durch die leichte Vor- und Zurückbewegung ist der Rock weit nach oben gerutscht. Noch kann ich ihr Höschen nicht sehen, aber lange wird es nicht mehr dauern. Ich beneide sie ein wenig, denn als Mann ist es schwierig, sich unauffällig einen herunterzuholen.

Doch unauffällig kann man ihr Verhalten nicht nennen. Sie greift kurz unter ihren Rock und massiert ihre Möse durch die Strumpfhose und ihr Höschen. Dann schaut sie auf und blickt sich um. Ich bin so gebannt von dem Schauspiel, dass ich nicht wegschauen kann. Unsere Blicke treffen sich und mir schlägt eine Hitzewelle entgegen. Ich atme heftig ein und … Stille. Ich schaue mich hektisch um. Meine unmittelbare Umgebung ist klar, nur alles, was weiter weg ist, verbirgt sich wie unter Wasser eingeschlossen. Nein, wie in Bernstein gegossen. Niemand bewegt sich. Was ist hier los? Ein organisch geformter Korridor schlängelt sich von mir zwischen den Tischen zu meiner attraktiven Unbekannten. Ich schaue in ein lustverzerrtes Gesicht.

Wir scheinen in derselben Blase gefangen zu sein, denke ich. Die Blase schiebt uns aufeinander zu. Komischerweise steigt trotz dieser außergewöhnlichen Situation keine Panik in mir auf. Je näher wir aufeinander zudriften, desto geiler werde ich. Kurz bevor sie in Reichweite ist, will ich sie nur noch ficken. Dann fallen wir übereinander her. Ich reiße ihre Bluse auf und drücke ihre Brüste wie Toffifee aus dem BH. Mein Mund saugt sich an einem Nippel fest, während meine Hand ihren Rock zur Hüfte hochreißt. Sie drückt meinen Kopf fest auf ihre Titten und stöhnt laut. Meine Hand zieht und reißt ihre Strumpfhose samt Slip herunter. Ich drehe sie um und werfe sie fast mit dem Oberkörper auf den Tisch. Slip und Strumpfhose, die zwischen den Oberschenkeln gespannt sind, halten ihre Beine zusammen.

Ich habe keine Zeit, diese Situation zu ändern, und setze meinen Schwanz, den ich aus der Hose befreit habe, direkt zwischen ihre Schenkel. Ich stoße zweimal fest gegen ihre zusammengepressten Lippen, bevor ich sie im dritten Anlauf mit meiner dicken Eichel auseinanderdrücke und in ihr nasses Loch dringe.

»Oh, ja … fick mich richtig durch!«, schreit sie, als ich bis zur Wurzel in ihr stecke. Das lasse ich mir nicht noch einmal sagen und ficke sie mit langen und harten Stößen. Ihr Loch ist patschnass und mein Schwanz gleitet einfach durch ihre

Fotze. Trotzdem fühlt sie sich herrlich eng an. Sie feuert mich an und schreit: »Fick mich, du geile Sau, du sollst mich hart ficken.« Ich ramme meinen Schwanz mit harten und kurzen Stößen in sie. Sie stöhnt laut und macht mich noch geiler.

Als ich sie durch das Rauschen meines Blutes im Ohr schreien höre: »Ich … ich kommeeee«, zerreißt es mir den Schwanz. Ich spritze in vier, fünf Hüben Sperma in ihre Fotze. Wir sinken auf den Tisch. Ich liege auf ihr und wir atmen im Takt zusammen. Ich schließe kurz die Augen und kann nicht glauben, was ich gerade erlebt habe.

Als ich die Augen wieder öffne, sitze ich im Straßencafé an meinem Platz. Irritiert schaue ich mich um. Niemand nimmt von mir Notiz. Wo ist meine … Sie steht auf und bittet den Ober, auf ihre Tüten aufzupassen. Nein, das habe ich mir doch nicht eingebildet. Meine Unterhose ist klitschnass. Erschrocken schaue ich mir in den Schritt. Kein Fleck auf der Hose. Schnell schiebe ich meine Hand in die Hosentasche und halte den Stoff der Hose von der Unterhose weg. Ich muss zur Toilette, wenn ich keinen eindeutigen Fleck in der Hose will. In dem Moment kommt die attraktive Dame zurück. Sie bezahlt im Stehen ihren Kaffee, nimmt ihre Taschen, den Mantel und wendet sich zum Gehen. Sie steuert auf meinen Tisch zu, bleibt kurz stehen, lächelt mich an und legt mir eine Visitenkarte auf den Tisch. Auf der Karte steht quer über dem Namen: »Dieses Experiment sollten wir wiederholen.« Prof. Dr. rer. nat. Antje van … Mehr kann ich nicht lesen. Dafür ist die Telefonnummer noch gut zu erkennen.

Der wilde Sonntagmorgen

Ich rollte mich auf die Seite von Amy, schlang meinen linken Arm um sie und küsste sie auf den Hals. Sie döste noch ein wenig und schnurrte wie ein Kätzchen. Genau dieses Kätzchen wollte ich in ihr wecken. Ich schob ihr meinen rechten Arm unter dem Hals durch und umarmte sie. Sie kuschelte sich mit dem Rücken an mich. Mit der Rechten hielt ich ihr linkes Handgelenk, die Linke schob ich ihr langsam über den Bauch. Meine Finger strichen über den kleinen Haarbusch, der einladend auf ihre Spalte zeigte, und bewegte mich weiter auf ihren linken Schenkel zu, auf die Stelle unmittelbar neben den großen Schamlippen. Meine rechte Hand zog ihren linken Arm Richtung Matratze, um ein Ausweichen zu verhindern. Sie war noch bemerkenswert still.

Als ich zwei Finger prüfend durch ihre Spalte zog, änderte sich das schlagartig. Sie stöhnte laut auf, spreizte ihre Beine und wollte mit ihrer rechten Hand an ihre Möse greifen. Zur Strafe schlug ich ihr mit der flachen Hand zwischen die Beine und achtete darauf, mit dem Mittelfinger ihren Kitzler zu treffen. Sie zuckte zusammen und ihre Nippel versteiften sich. Meine Finger konnten wieder ungestört auf Wanderschaft gehen. Ich fühlte ihre pitschnasse Möse, die prall geschwollenen großen und kleinen Schamlippen und den Kopf ihres Kitzlers, der erwartungsvoll hervorgetreten war. Ich musste mir das genau ansehen. Meine Morgenlatte war stahlhart und ich wollte Amy erst einmal ficken.

Ich zog ihren linken Arm unter ihrem Kopf durch, sodass sie sich drehen musste. Sie lag auf dem Bauch und zog die Beine an, um auf der Matratze zu knien. Ein Klaps auf den prallen Arsch und sie streckte ihren Hintern in die Höhe. Damit ich ihre Möse inspizieren konnte, befahl ich Amy, sich durch die Beine zu greifen und an den Fesseln zu halten. Ihr Rücken drückte sich durch und die Möse zeigte Richtung Decke.

Ihre Spalte war eine Pracht. Gut gerundeter Schamhügel, unter dem ihr aufgerichteter Kitzler über den roten, prall mit Blut gefüllten Schamlippen hervorschaute. Die Lippen drückten auseinander und gaben den Blick auf den Scheideneingang und den Ausgang der Harnröhre darüber in einem kleinen Hügel frei. Ich strich erst die äußeren, dann die inneren Schamlippen entlang und massierte schließlich ihr nasses Loch. Amy bewegte ihr Becken erwartungsvoll dem Finger entgegen, hielt aber ihre Beine eisern fest. Das ersparte mir den Griff unters Bett zum Lineal, welches dort immer griffbereit lag.

Mit dem Ring- und Mittelfinger erkundete ich die Scheidenwände und massierte besonders intensiv die Bauchdecke. Amy stöhnte in ihr Kissen. Sie lief aus. Ich drückte die beiden Finger tief in sie und schob dabei den kleinen Finger und den Zeigefinger an den dicken äußeren Lippen vorbei und drückte sie zusammen. Ich konnte spüren, wie Amy um Fassung rang. Die Fingerkuppen von Mittel- und Ringfinger ließ ich über ihren Muttermund gleiten. Amys Hintern zuckte und wackelte wie wild. Ich verstand das als Aufforderung, ihr mit dem Daumen den Damm und dann die Rosette zu massieren. Amys Fotze begann zu zucken, sie war kurz davor zu kommen. Mein Schwanz tropfte und meine Geilheit hatte ein Maß erreicht, das die Konzentration auf das Spiel zu stören begann. Ich zog die Finger ruckartig aus ihr und nahm ein Kondom, das ich mir über den Schwanz rollte.

Ich strich ihren Mösensaft, der mittlerweile aus ihr rann, auf die Rosette und drang mit einem Stoß vollständig in sie ein. Amy schrie kurz in ihr Kissen. Ihr Arschloch fühlte sich gut an, der Muskel schloss sich angenehm stramm um meinen Schaft. Ich fickte sie mit langen und tiefen Stößen. Amy hielt ganz still und atmete tief ein und aus. Doch schon nach kurzer Zeit begann sie zu hecheln und ihr Hintern versuchte sich mir bei jedem Stoß entgegenzuschieben.

»Nein, mein Kätzchen, so nicht«, flüsterte ich ihr zu und zog meinen Schwanz aus ihr. Amy seufzte und wedelte mit ihrem prallen Arsch, um mich zum Weitermachen zu animieren.

Ich zog mit einem Taschentuch das Kondom von meinem harten Prügel und steckte ihr meinen Schwanz hart und schnell in die Fotze. Sie gab sich alle Mühe, sich gut ficken zu lassen. Ihr Hinterteil beantwortete jeden meiner Stöße. Mal hart und schnell, dann wieder langsam, zeitverzögert und mit Nachdruck.

Sie genoss den Fick sichtlich, machte auch keine Anstalten zu kommen. Ausgedehnt lange rammte ich ihr meinen Schwanz in die Möse, die sich immer mehr öffnete und dehnte. Sie floss aus und der Saft tropfte von meinen Eiern, die bei den harten Stößen ihre Kliti versohlten. Ich wollte ihr meinen Saft in den Mund spritzen und zog meinen Schwanz aus ihr heraus – wogegen Amy mit animalischem Stöhnen protestierte.

Sie kniete sich meiner Anforderung entsprechend vor das Bett und leckte genüsslich meinen Schwanz von den Eiern zur Eichel hin. Wenn Amy gut angefickt ist, dann kann sie von einem Schwanz nicht genug bekommen, egal in welchem Loch er gerade steckt. Sie wollte mein Sperma und gab sich alle Mühe, es meinem prallen Schwanz zu entlocken. Nachdem sie ihren Rachen immer wieder auf meinen Schwanz geschoben hatte, spürten ihre Finger an meiner Peniswurzel zwar die ersten Kontraktionen, aber es war zu spät für genussvolles Hinhalten. Ich kam mit großer Intensität und zu meiner Freude schluckte sie.

Ich duschte entspannt und ließ Amy auch eine warme Dusche nehmen, bei der ich sie vom Badewannenrand beobachtete, um einzuschreiten, sollte sie für Abkühlung sorgen wollen. So aufgeheizt ließ sie sich abtrocknen und nahm auch nicht das Anlegen der Handfesseln wahr. Erst das Halsband ließ sie zusammenzucken. Ihr wurde wohl bewusst, dass wir noch nicht fertig waren. Ich klinkte die Kette in das lederne

Halsband ein, legte sie locker über ihre Schulter und bugsierte sie mit einem leichten Klaps zurück ins Schlafzimmer.

Dort legte ich einen Panton Chair auf den Boden. Da sowohl die Rückenlehne als auch das Fußteil rund gebogen sind, rollt der liegende Stuhl zur Seite. Amy musste die Unterschenkel rechts und links der Lehne legen, damit der Stuhl nicht kippte, sobald der Oberkörper im rund geformten Übergang zum Fußteil zum Ruhen kam. Ich band die Handfesseln mit einem Lederband unter der Sitzfläche zusammen. Mit dem Unterkörper nach unten und dem Hintern in die Luft gestreckt musste Amy ohne ihre Hände den Stuhl, auf dem sie lag, balancieren. Wollte sie nicht zur Seite fallen, musste sie sich auf ihre Haltung konzentrieren.

Den Oberkörper an die Lehne gepresst, die Oberschenkel angespannt und den Hintern in die Höhe gestreckt, kniete sie vor mir. Ein geiler Anblick. Das Spiel konnte beginnen.

Ich schlug Amy zur Vorbereitung mit der Hand leicht auf den Arsch, bis dieser gut durchblutet war. Dann steigerte ich die Intensität mit einem Holzpaddel. Nach ein paar Schlägen streichelte ich ihr den Hintern. Ich gab mir äußerste Mühe, den Moment abzupassen, an dem der Schmerz unerträglich würde, damit ich sie zwischen Schmerz und Zärtlichkeit schweben lassen konnte. Amy ließ ihr Becken minimal rhythmisch kreisen, immer drauf bedacht, nicht umzufallen. Ihre Möse glänzte feucht zwischen ihren Schenkeln. Ein paar leichte gezielte Schläge auf ihre nasse Spalte ließen Amy aufstöhnen. Zärtlich fuhr ich ihr mit zwei Fingern durch die Spalte und massierte dann ihr Poloch, um sie für den Plug vorzubereiten. Amy durchlief ein Schauer und sie stöhnte tief und kehlig auf, als der Plug sich durch ihren Muskel schob. Auf der Kunststofflehne des Stuhls waren Tropfen ihres Mösensaftes zu erkennen. Sie war so weit.

Ich fuhr ihr mit der Kuppe des Mittelfingers über den Eingang ihrer Möse. Dabei legte ich meine Handfläche auf dem Plug ab und drückte ihn etwas tiefer. Als ihr Stöhnen in ein Knurren und Seufzen überging, schob ich ihr den Finger bis zur Wurzel in die Möse. Dabei drückte ich den Plug nicht wie zuvor tief in ihren Arsch, sondern schob ihn gegen ihren Rücken, während mein Finger ihren Kanal massierte.

Amy jammerte und wimmerte. Die Oberschenkel zitterten ein wenig, der Vorbote eines intensiven Orgasmus. Ich erhöhte die Intensität und Frequenz der Bewegung. Amy rang mit sich. Am liebsten hätte sie ihren Hintern auf den Finger geschoben und das Becken wild kreisen lassen, aber die wackelige Position verhinderte dies. Die kleinen Bewegungen reichten ihr nicht und sie wurde ungehalten. Sie wollte kommen. Das Verlangen wurde mit jeder ungeschickten Bewegung größer. Plötzlich hielt sie inne und kam heftig. Die Anspannung entlud sich in einem langen, unterdrückten Schrei und zwei heftigen Spritzern Sekret auf die Rückenlehnen des Stuhls. Ich schob den Finger weiter unberührt in ihr Loch, welches heftig um den Finger krampfte. So konnte ich ihr das Gefühl verlängern.

Dann sackte ihr Körper unter der Anstrengung zusammen und ich musste sie festhalten, damit sie nicht zur Seite kippte. Ich band Amy los und legte sie ins Bett. Schließlich war Sonntag und sie konnte ausschlafen.

Geile Gartenarbeit

Die Sonne brennt. Es ist heiß über den Dächern der Stadt. Rita trägt nur eine dunkle große Sonnenbrille und hohe helle Wildleder-Sandaletten, als sie auf die Dachterrasse tritt. Hier oben kann sie keiner sehen. Sie schreitet grazil über die große Terrasse. Ihre großen Brüste wippen sanft mit jedem Schritt. Unter dem Sonnenschirm sitzt Ritchy und genießt den Anblick. Bevor sie mit ihren schwingenden Hüften bei ihm ist, steht er auf, nimmt den Bistrotisch, stellt ihn vor sich in die Sonne und grinst. Er küsst sie intensiv. Mit einer Hand in ihrem Nacken zieht er sie mit dem Rücken auf den Tisch, bis ihr Kopf über die Tischkante hängt.

Mit beiden Händen fährt er über ihre Brüste, verweilt kurz an den steifen Nippeln, bevor er zwischen ihre leicht gespreizten Beine fährt. Die wärmende Sonne, der kühle Hauch des leichten Lüftchens auf dem Dach und seine streichelnden Hände lassen sie seufzen. Sie spreizt die Beine weit, greift in ihre Kniekehlen und zieht die Knie zu ihren Schultern. Die geschwollenen Schamlippen glänzen feucht in der Sonne. Die harten Nippel ihrer Brüste und der leicht geöffnete rote Mund sind ein geiler Anblick.

Rita rutscht unruhig mit ihrem Hintern auf dem Tisch hin und her. Die Schamlippen öffnen sich und nehmen seine beiden Finger problemlos in sich auf. Mit geschlossenen Augen genießt sie die Behandlung ihres empfindlichen Muskels, der mit jedem Stoß etwas mehr zuckt. Ritchy stellt sich direkt über ihren nach unten hängenden Kopf. Langsam arbeitet sich seine Zunge über die harten Nippel nach unten zwischen die gespreizten Beine. Mit beiden Händen greift er ihre drallen Arschbacken und zieht sie ein wenig auseinander, während seine Zunge ihren Kitzler umkreist. Mit seinen Ellenbogen in Ritas Kniekehlen dehnt er ihr Becken noch weiter. Ritas Atem geht schneller. Nach ein paar Minuten windet sie sich und stöhnt leise vor sich hin. Ritchy richtet sich auf und treibt ihr erneut seine Finger in ihr feuchtes rotes Loch. Sie stöhnt laut auf und versucht, vor Lust die Schenkel zusammenzudrücken, doch seine Ellenbogen halten sie weit geöffnet, das Becken und ihre nasse Möse gedehnt.

Ein knallendes und fauchendes Geräusch reißt die Stille

entzwei. Ritas Körper versteift sich und sie versucht sich aufzurichten, doch ihr Körper hängt zwischen Ritchys Ellenbogen und seinem Schritt eingeklemmt auf dem Tisch. Sie will etwas sagen, doch als sie den Mund öffnet, hat sie den Stoff seiner Shorts im Mund. Erneut und laut faucht es in ihrer Nähe. Rita verharrt in ihrer Position und lauscht. Da ist das Zischen und Fauchen wieder, nur lauter als zuvor. Dann wieder Stille.

Ritchy holt einen Dildo aus seinen Shorts, den er eigentlich einer andern Verwendung zuführen wollte. Rita zuckt zusammen, als der Gummischwanz ihren Muskel durchstößt und ihn unaufhaltsam dehnt. Ihr Kopf schnellt in den Schritt von Ritchy, sie brüllt in den Stoff der Shorts und krallt ihre Hände um seinen geilen festen Arsch. Er umfasst mit beiden Händen Ritas Brüste, knetet sie und zieht ihre harten Nippel in die Länge. Ein lauter Knall, das Fauchen wird ohrenbetäubend und der Sonnenschirm und Ritas geiler nackter Körper werden in Schatten getaucht. Mit Schrecken muss Ritchy feststellen, dass der Ballon nicht so hoch fliegt, wie er dachte.

Die Leute schauen nicht schlecht auf das Bild, welches sich ihnen bietet. Schnell versenkt er sein Gesicht zwischen den weit gespreizten Schenkeln, presst seine Lippen über den dicken roten und nassen Kitzler. Ritas Becken zuckt und zappelt, sodass er Mühe hat, sie mit den Ellenbogen auf dem Tisch zu halten. Ohne Unterlass bearbeitet er ihren Kitzler und das um den Dildo gespannte Fleisch, bis das Fauchen des Brenners leiser wird.

Er richtet sich auf, nimmt den Dildo und fickt Ritas klatschnasses Loch mit schnellen harten und tiefen Stößen. Die drückt erneut ihren Kopf zwischen die Beine von Ritchy und schreit ihren Orgasmus heraus, sodass er den heißen Atem an seinen Eiern spürt. Ihre Schenkel schlagen wie Flügel eines Vogels wild in die Luft und aus ihrer Möse schießt in Schüben ihr

Saft. Ritchy pumpt den Gummischwanz weiter in das zuckende und spritzende Loch, bis die hektischen Bewegungen und der Saftfluss versiegen.

Dann holt er seinen betonharten, tropfnassen Schwanz aus den Shorts und wichst sich mit schnellen Bewegungen. Rita, die wieder zu sich kommt, hebt den Kopf und saugt die Hoden in ihren Mund. Das Spiel mit der Zunge und dem Unterdruck ist zu viel für Ritchy. Mit lautem Stöhnen entlädt sich sein Schwanz. Länge weiße Fontänen schießen durch die Luft und klatschen auf Ritas Bauch und Brüste. Ritchy trippelt auf den Füßen hin und her. Er hat das Gefühl, es zerreiße ihm die Hoden, denn noch immer pumpt sein Schwanz seinen Saft auf Ritas geilen Körper. Die lässt von ihm ab, er taumelt rückwärts und lässt sich erschöpft in den Stuhl fallen. Gartenarbeit kann richtig anstrengend sein.

Die Geschäftsreise

Ich hol dich ab, leuchtete es auf meinem Handy-Display. Ich freute mich, meine Frau wiederzusehen, und noch mehr, kein Taxi vom Bahnhof nehmen zu müssen. Die Woche auf Geschäftsreise hatte es in sich gehabt. Ich war hundemüde und konnte im Zug doch nicht schlafen, da mir alle möglichen Begegnungen durch den Kopf schwirrten.

Am Bahnhof angekommen schnappte ich mir den Koffer und trat auf den Bahnsteig. Viele Leute stiegen aus dem Zug oder wollten zusteigen. Das Gleis war voll. Ich hielt nach meiner Frau Ausschau. Sie war nicht zu übersehen. Mit 180 cm Körpergröße und schwarzen High Heels überragte sie viele Passagiere und ihr roter Mantel leuchtete in der Menschenmenge.

Wow, was für ein geile Frau, schoss es mir durch den Kopf, auch wenn ich gerade nicht im Geringsten an Sex interessiert war. Ich wollte nur noch in mein Bett. Unsere Blicke trafen sich. Sie strahlte über das ganze Gesicht und schob sich durch die Leute auf dem Bahnsteig. Mit einem stürmischen und intensiven Kuss wurde ich begrüßt. Nein, ich wurde aufgefressen.

»Da hat mich aber jemand vermisst«, meinte ich, nachdem sie von mir abgelassen hatte. Ihr Lächeln war die Antwort. Im Auto offenbarte sie mir, dass wir noch einen Abstecher zur Tankstelle machen müssten, denn sie habe vergessen zu tanken. Ich war nicht begeistert, aber da war nichts zu machen. Wenigstens saß ich bequem.

Wir bogen in die Tanke ein, meine Frau parkte das Auto vor einer Zapfsäule und stieg aus. *Sie hat einfach tolle Beine*, dachte ich mir. Dann wunderte ich mich, dass ich keinen Rock, sondern nur bestrumpftes Bein sah, als der Mantel im Saum auseinanderglitt. Durch den Seitenspiegel auf meiner Fahrzeugseite betrachtete ich meine Frau genauer. Sie führte gerade den Rüssel in die Tanköffnung. Der rote Mantel endete zwei Handbreit über dem Knie und ich konnte lediglich ihre schlanken Beine in schwarzen blickdichten Feinstrümpfen erkennen. Ihr Winken riss mich aus den Gedanken. Sie stöckelte zu mir vor und ich ließ das Fenster herunter.

»Noch nie eine Frau beim Tanken gesehen?«, frotzelte sie lächelnd. »Gib mir mal die Anleitung, die Dame will sich auch noch ums Öl kümmern«, säuselte sie.

Doch ich kam nicht dazu. Sie schob ihren Oberkörper durch das Fenster und in dem Moment fielen ihre hellen, großen und nackten Brüste aus dem Mantel, der bis zum Bauch aufgeknöpft war. Ich gaffte perplex auf die beiden prallen Titten, deren Nippel sich dick und dunkelrot vom weißen Fleisch abhoben. Mit einem Klack öffnete sich das Handschuhfach und meine Frau grinste mir mit der Anleitung in der Hand ins Gesicht. Sie machte keine Anstalten, ihre beiden Schätzchen wegzupacken. Ich wollte danach greifen, doch da rutschte der Oberkörper schon zurück aus dem Fenster. Ein kurzer Blick auf die im Neonlicht der Tanke hell strahlenden Möpse und flutsch waren sie wieder im Mantel verschwunden.

Ich muss total entgeistert geschaut haben, denn sie grinste mich frech an und sagte: »Soll ich sie dir vorstellen? … Ich muss die Pistole einrasten, damit der Saft aus dem Rohr läuft«, schob sie hinterher und stöckelte zum Tank. Ich schnallte mich ab und öffnete die Tür, doch zum Aussteigen kam ich nicht. Sie stellte sich in die offene Tür, beugte sich zum mir herunter und öffnete den letzten Knopf ihres Mantels. Darunter befanden sich als einziges Kleidungsstück nur halterlose Strümpfe. Vor meinen Augen wippten die großen Brüste meiner Frau. Ich war wirklich fertig. Zu geistigen Meisterleistungen und Schlagfertigkeit war ich nicht mehr in der Lage. Ich starrte nur auf die Titten und den rasierten Schritt. Meine in der Tat langsame Reaktion verunsicherte sie.

»Ich hatte die ganze Woche keinen drin. Ich bin den ganzen Tag schon so geil, dass ich es mir heute Morgen selbst gemacht habe. Aber das hat es nur schlimmer gemacht«, stammelte sie. Ich griff ihr zwischen die Beine und meine Hand streifte ihre Oberschenkel. Sie waren nass, nicht feucht. Mein Ring- und Mittelfinger tauchten in ihr Loch, das sich sofort öffnete und meine Finger bis zur Wurzel in ihr Innerstes fahren ließen. Meine Handfläche klatschte gegen die nasse Spalte. Sie seufzte laut, richtete sich auf, stellte ihren rechten Fuß auf den Holm und drückte mir ihre nasse Möse in die Hand. Ich hakte meine Finger gegen ihre Bauchdecke und rieb ihr mit dem Daumen über die nasse Klitoris. Ein Zittern lief über ihren Körper. Nachdem ich ihr drei- oder viermal über die pralle Knospe gerieben hatte, schob sie ihr Becken zurück. Da ich meine beiden Finger nicht so schnell lösen konnte, wurde ich ein

Stückchen aus dem Wagen gezogen. Sie umklammerte meinen Kopf mit beiden Händen, presste ihre Lippen auf meine und stöhnte mir in den Mund.

Auch wenn ich müde war, das wollte ich mir nicht entgehen lassen. Ich schloss meine rechte Hand, drückte Mittel- und Zeigefinger gegen die Bauchdecke und rieb mit mehr Druck erneut über ihren Kitzler. Sie musste Luft holen, löste sich von meinen Lippen, japste nach Luft und stöhnte so leise, wie es ihr möglich war, in den Wagen. Ich änderte die Taktik und pumpte die beiden Finger in ihre klatschnasse Fotze, den Daumen hielt ich auf die rote Knospe gedrückt. Sie jammerte und brabbelte leise vor sich hin, während sie auf den High Heels tänzelte. In meiner Handfläche stand der Mösensaft. Sie wollte mich küssen, doch dieses Mal war ich schneller und zog meinen Kopf zurück. Ein unterdrückter Schrei ließ ihre Gesichtsmuskeln entgleiten. Mit glasigem Blick hechelte sie die nächste Welle weg, die über sie hinwegfegte. Meine kleine Schlampe kam mit fast jedem Stoß meiner Finger. Sie schrie wieder in die zusammengepressten Lippen. Ihr Körper zitterte und die Bauchdecke hüpfte – heimgesucht von Krämpfen ihrer Geilheit. Ihr geiles nasses Loch pumpte und melkte meine Finger unablässig. Sie hielt immer noch meinen Kopf umklammert und stammelte ganz leise: »Bitte, bitte, bitte …« Ich war fasziniert von dem Schauspiel und wollte es nicht beenden. Sie war in einem Dauerorgasmus gefangen und wollte nicht aufhören.

Klack. Die Entriegelung des Zapfhahns sprang auf. *Scheiße …, okay, dann beenden wir das, aber richtig,* dachte ich und rieb die Finger kreisförmig über die empfindlichen Stellen meiner Frau. Sofort japste sie, hechelte die erste Welle weg. Doch da hatten die Finger meiner anderen Hand den zum Bersten gespannten Nippel ihrer linken Titte zwischen sich eingeklemmt und rieben ihn mit ordentlichem Druck. Wie unter Strom zuckte ihr Körper wild und unkontrolliert. Sie riss ihren Mund weit auf und schrie ihren Orgasmus heraus. Meine Hand wurde mit heißer Flüssigkeit geflutet, die über mein Handgelenk schwappte. Ich hielt meine Finger ganz ruhig und zog sie im Zeitlupentempo aus dem immer noch zuckenden Loch. Sie atmete schwer und versuchte sich zu beruhigen. Ihr ganzer Körper vibrierte. Trotzdem hob sie ihren Fuß vom Holm und machte einen Schritt zurück, um sich aufzurichten. Für eine Sekunde stand sie nackt vor dem Auto, dann war der Mantel zu.

Ein leichter Schweißfilm stand auf ihrer Stirn und die Haare waren etwas zerzaust. Ich angelte mit der Linken ein Taschentuch aus der Mittelkonsole und reichte es ihr. Sie lächelte selig und schüttelte den Kopf, sprechen konnte sie noch nicht. Sie hatte schon vorher das ein oder andere Mal abgespritzt, ab noch nie so heftig. Die Hemdmanschette meines rechten Ärmels war nass und auf dem rechten Hosenbein waren feuchte, dunkle Flecken zu sehen. Ich trocknete meine Hand ab.

»Entschuldige«, sagte sie und nickte in Richtung des Beins.

Ich stand auf, küsste sie auf die Stirn und beendete den Tankvorgang. Als ich vom Bezahlen zum Auto zurückkam, saß sie schon wieder hinter dem Steuer.

»Kannst du fahren?«, fragte ich sie.

»Kannst du noch laufen?«, kam es zurück. Wenn man genau hinschaute, konnte man meinen harten Schwanz erkennen.

»Ja, aber nicht mehr ficken«, antwortete ich auf ihre Frage. Sie machte einen Schmollmund.

»Ich bin total müde und auch wenn das hier einmalig geil war – ich habe keine Lust mehr, mich zu bewegen.«

»Kann ich verstehen – danke dir«, kam es aufrichtig von der Fahrerseite.

Zu Hause angekommen trottete ich hinter meiner Frau ins Haus. Den Koffer wollte ich am nächsten Tag aus dem Wagen holen. Im Flur half sie mir aus dem Jackett, hängte es an die Garderobe und zog mich wie einen kleinen Jungen an der Hand ins Schlafzimmer. »Setz dich!«, sagte sie lächelnd. Ich setzte mich schlapp auf die Tagesdecke des Bettes, ließ mich nach hinten sinken und schloss die Augen. Mit lautem Klackern polterten ihre Pumps auf das Parkett und ihr Mantel fiel auf den Boden zu den Schuhen. Ich hörte, wie sie auf ihren bestrumpften Füßen wegtippelte. Aus der Küche konnte ich sie mit Gläsern hantieren hören, ein Korken ploppte aus der Flasche und Flüssigkeit plätscherte ins Glas. Sie kam ins Schlafzimmer zurück und als ich durch die Augen linste, wackelte sie extra mit der Hüfte hin und her.

»Na, ein Gläschen mit deiner Frau wirst du zur Entspannung doch trinken können«, sagte sie. Ich schwieg, prostete ihr nur stumm zu und nippte am Glas. Nachdem sie einen großen Schluck getrunken hatte, nahm sie ihre Hand und strich mir sanft über die Wange. »Ich verstehe dich«, sagte sie sanft lächelnd und trippelte wieder davon. Ich nahm einen Schluck und schaltete mit dem Handy Loungemusik ein. Mit dem Glas in der Hand döste ich ein wenig vor mich hin.

»Hoch mit dir, müder Krieger«, holte mich die sanfte Stimme meiner Frau zurück. Ich stemmte mich hoch und ihre geübten Finger befreiten mich Stück für Stück von meiner Kleidung und den Schuhen. Ohne Eile ließ sie alles auf einen Stapel vor dem Bett fallen. Sie ging vor dem Fußende des Bettes in die Knie und tauchte mit einem Handtuch wieder auf, das sie auf dem Bett neben mir ausbreitete.

»Roll dich mal auf das Handtuch, Bauch nach unten«, gab sie mir kurz und knapp Anweisung. Ich robbte auf das Handtuch und blieb schnaufend liegen. »Ich weiß, wie ich dir helfen kann. Ich werde dir alle Anspannung nehmen. Danach schläfst du wie ein Baby«, hörte ich sie sagen, als sie sich auf meinen Hintern setzte. Der Schnappverschluss einer Flasche klickte und kurze Zeit später glitten ihre Hände mit einem warmen Ölfilm über meinen Rücken. Einige harte Muskeln sprangen unter dem sanften Druck ihrer Hände.

»Hmmmm«, raunte ich und schloss die Augen.

»Sehr schön, der Herr«, kicherte sie. Zärtlich knetete sie meine verspannten Muskeln. Sie hielt mich immer im Zustand des Dösens. Nicht zu wenig Kraft und nicht zu viel. Hin und wieder strichen ihre Brüste über meinen Rücken und ihre Nippel rieben über die Haut. Ein wohliger Schauer lief mir jedes Mal über den Rücken, den sie immer mit einem »Jaaaa« kommentierte.

Ich weiß nicht, die lange sie meinen Rücken bearbeitete. Irgendwann rutschte sie von meinem Hintern und massierte selbigen und meinen unteren Rücken. Nach kurzer Zeit widmete sie meinem Hintern ihre volle Aufmerksamkeit. Sie spielte mit den beiden großen Muskeln. Sie zog, knetete sie und griff immer wieder mit beiden Händen ins Fleisch.

Nachdem sie sich ausgetobt hatte, klatschte sie mir zärtlich auf den Hintern und sagte: »Hopp, hopp, mein Hase, auf die Knie.« Ich verstand gar nicht, was sie von mir wollte. Doch sie ließ nicht locker und tätschelte erneut meinen Hintern. »Na, hoch mit dem hübschen Hintern.« Langsam hob ich meinen Hintern an und schob die Beine unter mein Gesäß.

Sie griff an meine Oberschenkelinnenseite und streichelte sie liebevoll. »Die Beine etwas auseinander, sonst komme ich nicht richtig dran«, korrigierte sie meine Haltung. Ich tat, worum sie mich bat. Unterdessen hatte sie mehr Öl in ihren Händen erwärmt. Sie legte diese auf meine Pobacken und setzte die Massage fort. Dabei fuhr sie mir immer wieder über den Schritt an die Innenseite der Schenkel.

Nach kurzer Zeit gluckste sie fröhlich: »Da scheint sich jemand zu freuen.« In der Tat schwoll mein Schwanz leicht an und baumelte zwischen meinen Beinen hin und her.

Ein Schwall Öl ergoss sich kalt über meinen Hintern und ließ mich aufschrecken. Ein Rinnsal floss zwischen meinen Pobacken über meine Peniswurzel, staute sich an meinen Hoden und rann über meinen harten Schwanz. Bevor es von meiner Eichel auf das Handtuch tropfte, griff ihre Hand fest zu und rieb es wieder hinauf zu meinen Eiern. Sie ölte sie ordentlich ein. Dabei ließ sie die Eier immer wieder durch den festen Griff ihrer Hand flutschen. Ein leichter geiler Schmerz zog in meinen Bauch. Dann wichste sie kurz mit festem Griff meinen Schwanz. Ohne Vorwarnung umklammerte sie meinen Schwanz und zog die Haut in Richtung meines Bauches. Fest umschlossen hielt sie meinen harten Schaft, sodass sich das Blut staute und die Eichel dick und rot anschwoll. Meine Oberschenkel zitterten und wackelten. »Ruhig, mein Großer«, sagte sie und hielt mit der anderen meinen Hintern fest. Meinen Schwanz immer noch fest im Griff, strich sie mit der Hand durch meine Poritze.

Mit dem Zeigefinger massierte sie immer fester mein Poloch. Anspannung und Unruhe machte sich in mir breit. Ich holte tief Luft, als sie anfing, mein enges, kleines Loch zu massieren. Sie erhöhte den Druck, ich öffnete mich und ihre Fingerkuppe drang in mich ein. Durch das Öl flutschte der Finger bis zur Wurzel in mich. Den Finger spürte ich kaum, auch weil sie sofort begann, meinen Schwanz zu wichsen. Sie strich meinen Schwanz sanft zur Eichel hin und hart zu meinem Bauch. Dabei zog sie die Haut so weit zu meinem Schwanzansatz zurück, dass meine pralle Eichel beinahe aus ihrer viel zu engen Haut platzte. Ich atmete heftig ein und aus. Ungerührt fuhr sie meinen Schwanz entlang – melkte ihn wie eine Euterzitze. Bei jeder Aufwärtsbewegung hatte ich das Gefühl, die Eichel würde gleich zerbersten. Die ganze Zeit über hielt sie den Finger in meinem Po still.

Schließlich stoppte sie die Bewegung an meinem Schwanz und hielt die Hand gegen meinen Bauch gepresst. Die Eichel pochte vom Blut, welches sich durch sie hindurchpresste. Dann begann sie, mich ganz langsam mit dem Finger in den Arsch zu ficken. Langsam erhöhte sie das Tempo. Ihr Finger glitt vor und zurück. Das komische Gefühl als Mann … es verflog sofort. Ich atmete heftig und mein Schwanz zuckte leicht.

»Es freut mich, dass es dir gefällt. Ich glaube, du bist jetzt so weit!« Ein zweiter Finger drängte in mich. »Entspann dich!«, ermahnte sie mich. Langsam bewegte sie ihre beiden Finger in mir. Nach einigen Malen fing ich leise und zögerlich an zu stöhnen. »So ist es gut. Genieß es!«, lobte sie mich und bewegte die Finger weiter vor und zurück. Langsam schoben sich ihre Finger Millimeter für Millimeter weiter. Ich atmete scharf ein und stieß die Luft gepresst wieder aus. »Huch … habe ich da etwa eine empfindliche Stelle getroffen?«, neckte sie mich. Ich war nicht imstande, eine Antwort zu geben, denn sie trieb die Finger wieder in mich. Ein Blitz schoss durch meinen Kopf und es kam nur noch gedrücktes Stöhnen über meine Lippen. Dann bewegte sie nur noch die beiden Fingerspitzen in mir, doch das Gefühl war überwältigend. Das absolut geile Gefühl raubte mir den Atem und den Verstand. Mein Gehirn schien herunterzufahren. Ich nahm meine Umgebung nur noch wie in Watte gepackt wahr. Ich krallte mich so fest es ging in den Stoff der Tagesdecke.

Ein Blitz nach dem anderen zuckte durch meinen Körper und schlug in meinem Hirn ein. Ich stöhnte, keuchte und schnaubte vor mich hin. Ich war so reizüberflutet. Es fühlte sich beinahe an wie ein wahnsinnig intensiver Höhepunkt – nur ohne Höhepunkt. Ich kam in einer Dauerschleife und spritzte nicht ab. Ich stieß mein Becken unkontrolliert in ihre Hand, die meinen Schwanz immer noch fest umschlossen hielt. Während in meinem Kopf ein Feuerwerk nach dem anderen explodierte, rieb sie meine Prostata nicht mehr so fest, tief und schnell. Ich kam langsam wieder zu mir.

»Wow, war das geil, was für 'ne geile Sache. Du bist in Dauerschleife gekommen«, kommentierte sie ihr Tun. Ich keuchte völlig außer Atem. Mein Körper war schweißnass, obwohl ich mich eigentlich gar nicht verausgabt hatte. »Dein Schwanz ist bockelhart und du hast nicht abgespritzt«, stellte sie raunend klar.

Mit einer Hand wog sie abschätzend meine Eier. »Die sind prall und geladen«, kommentierte sie die Bewegung. »Da werde ich ein bisschen Druck ablassen«, setzte sie nach und brachte die beiden Fingerspitzen wieder in Position. Sie massierte von null auf hundert zielgenau meine Prostata. Mit voller Wucht schlugen die Blitze wieder in mich ein, vor meinen Augen begannen weiße Lichtpunkte zu tanzen. Ein gurgelnder Brei aus Stöhnen und Keuchen quoll durch meine Kehle. Immer wieder strich, rieb und stieß sie gegen meine Prostata. Wieder und wieder malträtierte sie mich. Dabei wichste die andere Hand fest und stetig meinen Schwanz. Meine Oberarme gaben nach und mein Oberkörper begrub sie unter sich. Nun kniete ich mit weit gespreizten Oberschenkeln ausgeliefert vor ihr.

Sie intensivierte die Wichsbewegungen und schlug meinen Sack gegen die Handfläche ihrer anderen Hand. Ein geiler ziehender Schmerz fuhr in meinen Bauch. Und dann explodierte ich. Kurz wurde mir schwarz vor Augen. Grollend stöhnte ich auf. Ich wollte mich aufbäumen, konnte es aber nicht. Ich spürte, wie meine Körpersäfte sich ihren Weg bahnten, und spritzte in einer heftigen Fontäne ab. Dann flossen Anspannung und Sperma wie ein stetig fließender Fluss aus mir. Es wollte nicht versiegen.

Immer wieder quetschte sie ihre Hand an meinem Schwanzansatz zusammen und strich mein heißes Sperma zur Eichel hin aus mir heraus. Dabei stieß sie mit beiden Fingern in meinen Hintern, immer wieder gegen meine Prostata. Ich wollte flehen, dass sie aufhörte, doch ich brachte kein Wort heraus. Nur röchelndes Stöhnen brachte ich zustande. Sie strich immer wieder ihre melkende Hand vom Bauch zur Eichel. Es dauerte eine gefühlte Ewigkeit, bis sie keinen Tropfen mehr aus mir herauspressen konnte. Und auch danach stieß sie weiter und weiter gegen meine Prostata, bis ich nur noch helle tanzende Punkte vor meinen Augen sah. Kurz darauf sackte ich in mir zusammen. Ich merkte noch, wie sie die Finger aus mir herauszog, die Tagesdecke über mich schlug und mich auf die Stirn küsste. Dann wurde es endgültig schwarz um mich.

Der Marathonmann

Die geile Spannung war fast nicht mehr auszuhalten, zumal ich mein nasses Höschen spürte, wie es sich zwischen meine Lippen zog. Ich sprang aus dem Auto, lief mit schnellen Schritten zur Haustür und schloss auf. Sportlich nahm ich die drei Stufen zum Fahrstuhl. Tom folgte mir behände wie eine Katze. Die Fahrstuhltür hatte sich noch nicht hinter uns geschlossen, da machte er sich schon an meinem Arsch zu schaffen. Und küsste mich überall – auf die Wangen, die Ohrläppchen, den Mund. Seine Hände verschwanden unter meinem Rock. Mit einem leichten Ruck kam der Fahrstuhl zum Stehen und riss uns auseinander. Ich stieß die Fahrstuhltür auf und hastete zur Wohnungstür, wo ich – getrieben vom Verlangen, seinen Körper zu spüren – hektisch versuchte, die Tür aufzuschließen. Mit zittrigen Fingern verfehlte ich mit dem Schlüssel das Schlüsselloch.

Tom stand ganz dicht hinter mir und strich mir die Haare aus dem Nacken. Die Berührungen ließen mich erschaudern und für einen kurzen Augenblick war mein Körper wie gelähmt. Aus dem Augenwinkel konnte ich sehen, wie mir der Schlüsselbund aus der Hand glitt und in Zeitlupentempo zu Boden fiel. Mit einem für mich ohrenbetäubenden Klirren, welches durch das Wohnhaus hallte, schlug der der Bund auf die Fliesen. Das riss mich aus der Starre. Ruckartig bückte ich mich und stieß mit meinem Hintern gegen sein Becken und die Erektion in seiner Hose. Sofort umschlossen Toms Hände rechts und links meine Hüfte und zogen mich gegen seinen harten Schwanz. Ich hielt inne und genoss die Stärke. Während seine Hände meinen Hintern massierten, musste ich mich konzentrieren, um den Schlüssel vom Boden zu heben und endlich ins Schloss zu schieben.

Leicht gebückt stolperte ich in die Wohnung, als das Schloss die Tür freigab. Seine Hände griffen nach meiner Hüfte, konnten aber nicht verhindern, dass ich taumelte und ihn mit zu Boden riss. Ich landete auf den Knien und wurde von ihm sofort auf die Seite gestoßen. Halb auf dem Rücken liegend kam Tom über mich und küsst mich innig, während seine Hände über mich herfielen. Dieses elektrisierende Kribbeln setzte die Kontrolle über meine Muskeln außer Kraft. *So wie der rangeht, ist er hoffentlich kein Sprinter*, schoss es mir durch den Kopf.

»Du kleine geile Sau, du, jetzt werde ich dich ficken, dass dir Hören und Sehen vergeht«, sagte er, als hätte er meine Gedanken gehört.

Jaaa, tu das, mach mit mir, was du möchtest, ohhh, mein Gott, was bin ich geil, antwortete ich in Gedanken und seufzte laut.

Behände befreite ich mich aus seinem Griff, rollte mich auf die Knie und stand auf. Ich drückte die angelehnte Tür ins Schloss und schaltete das Licht im Flur an. Tom lag auf dem Boden und musterte mich interessiert. Als ich über ihn ins Wohnzimmer schritt, stand er mit einem Satz hinter mir. Seine Arme umschlangen mich, zogen mich an ihn und während er meinen Nacken küsste, bahnten sich seine Hände flink ihren Weg unter meine Bluse an meine Brüste. Die zarten Berührungen meiner nackten Haut pflanzten sich wie Stromstöße in mein Hirn fort. Meine ganze Haut kribbelte. Ich konnte und wollte mich nicht bewegen. Tat ich es doch, dann nur, um mich am Tisch vor mir abzustützen, während sich seine Hände in mein Fleisch gruben. Seine Lippen saugten sich an mir fest und schickten Schauer durch meinen Körper.

Keuchend und schwer atmend stand ich am Esstisch vornübergebeugt, seinen Händen willenlos ausgeliefert. Die streichelten meine Brüste zart und kneteten meine harten Nippel gerade so fest, dass der Schmerz in pure Lust überschwappte. Es machte mich rasend, unter seinen Berührungen zur Bewegungsunfähigkeit verdammt zu sein.

Meine Bluse glitt zu Boden und legte mehr Haut frei, die sofort erkundet wurde. Der BH rutschte von den Schultern. Ich wollte mich bewegen, einschreiten, nein, ich wollte an seinen harten Schwanz, den er mir gegen den Hintern drückte und … Keine Chance, Rock samt Höschen rutschten zu den Köcheln, während seine Lippen meine drallen Arschbacken küssten.

Wenn du dich jetzt nicht bewegst, wirst du nie wieder gehen können, schoss es mir durch den Kopf.

All meine Willenskraft aufbietend, stieg ich aus den hohen Schuhen und meinem Rock. Ich schaffte es, mich umzudrehen, und lehnte mit dem Hintern splitterfasernackt am Tisch. Tom grinste mich frech an und zog seinen Pullover aus. Das

Verlangen, seine Hände wieder auf meinem Körper zu spüren, stieg an. Meine Hände gingen auf Wanderschaft, öffneten den Gürtel seiner Hose und rissen den widerspenstigen Knopf der Jeans mit Kraft aus dem Knopfloch. Mit jedem Handgriff und mit jeder Sekunde wurden mein Verlangen und meine Ungeduld größer. Rasend hakte ich meine Finger rechts und links in seinen Hosenbund, beugte mich leicht nach vorn und ging in die Hocke, um ihm die Hose mitsamt seiner Unterhose über den geilen Arsch zu ziehen. Dabei hakte sich sein harter Schwanz unter dem Unterhosenbund fest. Unwirsch riss ich fest daran, sein harter Schwanz sprang ins Freie und schlug mir unters Kinn. Ich zuckte zurück – mehr vor Überraschung und ungläubigem Staunen als vor Schmerz.

Ich starrte auf einen harten und riesengroßen Schwanz, auf dessen prallem und dickem Schaft eine massive, rote Eichel thronte. Fasziniert massierte ich seinen Schwanz mit einer Hand. Der war doch deutlich größer und dicker als die, die ich bis jetzt in meinem Leben gesehen hatte. Doch um über die Größe zu sinnieren, blieb mir keine Zeit. Er packte mich unter den Achseln, zog mich in die Höhe und küsste mich intensiv. Tom machte einen Schritt nach vorn und schob mich gegen den Tisch. Ich verlor das Gleichgewicht und glitt in seinen Armen auf die Tischplatte. Er löste seine Lippen von mir, griff dabei an meinen Hintern und ehe ich mich versah, lag ich mit weit gespreizten Beinen vor ihm.

Meine Möse war bereits so feucht, dass er problemlos in mich hätte eindringen können. Toms aufgerichteter Schwanz stieß sanft gegen meinen Hintern. Ein Lächeln huschte über sein Gesicht. Er hatte sicherlich mein erregtes Zittern bemerkt, mein Verlangen nach ihm. Oder besser, mein Verlangen nach seinem Schwanz. Mit beiden Händen an meinen Fesseln hielt Tom meine Oberschenkel fest und dirigierte seinen Schwanz mit seiner Hüfte. Sein Glied strich über meinen Hintern und stieß anschließend gegen die Innenseite meines Oberschenkels. Ich konnte mich nicht mehr halten und rutschte nervös mit meinem Hintern über den Tisch. Tom ließ sich nicht aus dem Konzept bringen und bewegte geschickt seine Hüfte etwas weiter nach vorn, drückte sein Schwanz an meinem Oberschenkel entlang und erreichte schließlich meine nassen Schamlippen.

Spielerisch ließ Tom sein Glied ein paarmal über meine Lippen gleiten, deren Saft sich sogleich auf seinem harten Schaft verteilte. Mir entfuhr ein aufgebrachtes Stöhnen. Obwohl Tom nicht minder geil war, reizte er mich noch einige weitere qualvolle Sekunden. Er genoss das ihm geltende Verlangen, das Zittern meiner Oberschenkel und mein unruhiges Winden auf dem Tisch.

»Bitte, schieb ihn rein«, forderte ich ihn mit eindringlicher Stimme auf.

Tom führte die Spitze seines Schwanzes an mein nasses Loch, bewegte sein Becken langsam und gefühlvoll vor und drückte mich sanft auseinander.

Mit vor Erregung zitternden Armen schob Tom seine Hüfte weiter vor und drang mit der Eichel zwischen meinen empfindlichen Muskel. Ich stöhnte lange und anhaltend, während sein riesiger Schwanz mich unaufhaltsam aufschob. Jede Sehne und jeder Muskel wurde bis zur Belastungsgrenze gedehnt. *Das reicht*, schoss es mir durch den Kopf. Doch es fehlten noch ein paar Zentimeter, bis sein Becken auf mir ruhte. Ich hatte das Gefühl, gleich auseinanderzureißen. Als er komplett in mir war, hielt Tom kurz inne, verharrte und atmete, das unbeschreibliche Gefühl genießend, tief ein und aus. Hechelnd versuchte ich mich zu entspannen. Langsam ließ er seinen harten Schwanz aus mir herausgleiten, um seine Hüfte anschließend wieder genauso langsam und kraftvoll in mich zu treiben. Mir entfuhr ein hohes Stöhnen, als sein Schwanz wieder bis zur Wurzel in meinem Körper ruhte. Meine Möse umklammerte krampfhaft seinen Schwanz, als wollte sie ihn festhalten. *Sie reißt nicht*, beruhigte ich mich und atmete langsam und tief ein und aus.

Ohne weiter zu zögern, begann Tom damit, mich mit energischen Stößen zu nehmen. In einem schnellen Takt ließ er seine Hüfte vor und zurück schnellen, sodass sein harter Schwanz immer wieder bis zur Eichel aus mir herausglitt und anschließend so tief in mich eindrang, dass seine Hüfte mit einem lauten Klatschen gegen meinen Arsch prallte. Ich japste und stöhnte unter dem überwältigenden Druck seines Riesenpimmels. Er hatte den Blick fest auf mein Gesicht gerichtet, während er sich genüsslich an mir befriedigte. Hin und wieder entfuhr ihm ein lustvolles Stöhnen. Ich hingegen war deutlich lauter. Bunte Blitze schossen durch meinen Kopf und immer wieder kam ein kurzer, spitzer Schrei über meine Lippen. Dieses wahnsinnig geile Gefühl, bis zum Bersten ausgefüllt zu sein, verschluckte jeden Gedanken – einfach alles. Selbst mein Gehör setzte aus. Ab da hörte ich alles nur noch wie durch Watte. Dumpf klatschend vernahm ich das Geräusch seines Beckens, das bei jedem Stoß gegen meinen Hintern donnerte. Ein Feuerwerk nach dem anderen zündete vor meinen geschlossenen Augen. Wie in Trance stöhnte, keuchte und schnaubte ich vor mich hin. Ich war so reizüberflutet, dass ich nicht viel mitbekam. Es war wie ein einziger wahnsinnig langer und intensiver Höhepunkt – nur ohne wirklichen Höhepunkt. Und während vor mir das Feuerwerk explodierte, nahm Tom langsam den Schwung heraus. Nicht mehr so schnell. Nicht mehr so tief. Als er es so weit zurückgeschraubt hatte, dass sein harter Schwanz meine Möse nicht mehr überreizte, kam ich langsam wieder zu mir.

Er beugte sich herunter und küsste mich, während er mich auf meine wackeligen Beine zog. Benommen machte ich zwei, drei Schritte in den Raum, wo Tom mich auf die Knie schob. Erst dachte ich, er wollte mir seinen Schwanz in den Mund schieben, doch er drückte meinen Oberkörper nach vorn. Dann hockte er sich hinter mich und ich konnte spüren, wie sein immer noch stahlharter Schwanz das Ende meines Oberschenkels erreichte und sich im nächsten Augenblick an meine Schamlippen schmiegte.

»Oh, du geile Fotze, du … deine Möse muss ja total ausgehungert sein, so wie du meinen Schwanz massierst. Ist das geil«, raunte Tom mir von hinten zu.

»Schon, a-aber …«, entgegnete ich irritiert. Ich fühlte mich ertappt und gleichzeitig erregt, dass es ihn so anmachte.

»Kein aber! Genug geredet!«, unterbrach er mich entschieden und dann drückte er seine Hüfte nach vorn. Sein Schwanz drang fast ohne Widerstand zwischen meine Schamlippen, drückte die empfindlichen Muskeln meiner nassen Möse auseinander und bahnte sich einen Weg tief hinein. Völlig überrascht schnappte ich nach Luft, als sein großer Schwanz erneut in mich eindrang. Meine feuchte Möse dehnte sich, nahm ihn in sich auf und ein warmes, ausgefülltes Gefühl machte sich in meiner Hüfte breit. Mit beiden Händen meine Hüfte umklammernd und breitbeinig hockend, begann er beinahe sofort, mein Innerstes mit rhythmischen Stößen zu ficken.

Seiner Kompromisslosigkeit hatte ich nichts entgegenzusetzen. In kurzen Abständen prallte seine Hüfte gegen meinen Hintern. Unwillkürlich entfuhr mir ein aufgebrachtes Stöhnen. Immer wieder drang sein Schwanz tief in mich, ehe er sich rasch wieder zurückzog, um erneut jede meiner Faser zu dehnen. Meine Wangen glühten und meine Oberarme gaben ganz langsam unter den Erschütterungen meines Körpers nach, bis ich mit dem Oberkörper auf meinen Armen vor ihm lang. Ich öffnete den Mund, um ihn zu bitten, kurz innezuhalten, damit ich meine Arme befreien konnte. Doch gerade, als ich etwas sagen wollte, ließ Tom seine Hüfte besonders kräftig gegen mein Becken stoßen. »Hahh! Hahh!«, war alles, was ich stöhnend hervorbrachte.

Meine vornübergeneigte Position machte es ihm einfach, mich mit seinem riesigen Schwanz zu nageln. In der Hocke hinter mir ließ er seine Hüfte vor und zurück schnellen, trieb seinen harten Schwanz in mein nasses Loch und stieß hin und wieder ein lüsternes Schnaufen aus. Es war ein unglaubliches Gefühl, dem Schwanz derart ausgeliefert zu sein, sich von ihm gegen meine Arme und den Boden treiben zu lassen und seine Gier nach meinem Körper zu spüren.

Mit jedem weiteren Stoß nahm meine Erregung weiter zu. In meinem Schritt begann es zu kribbeln, als würde sich mein Schoß in einem Ameisenhaufen befinden. Irgendwann nahm ich nur noch das Kribbeln wahr. Wie in Trance stöhnte, keuchte und schnaubte ich vor mich hin. Ich war so reizüberflutet, dass ich nicht viel mitbekam. Meine Knie gaben nach und gingen weiter und weiter auseinander. Nur noch meine Sehnen hielten mich in einer knienden Position. Ein gurgelnder Brei aus Stöhnen und Keuchen quoll durch meinen Mund.

Dann explodierte ich erneut. Ein Flimmern von tausend Farben legte sich um mein inneres Auge. Grollend stöhnte ich gegen das Gefühl an, keine Luft mehr zu bekommen. Ich wollte mich aufbäumen, konnte es aber nicht. Mein Bauch, meine Möse, mein ganzer Unterkörper zitterte. Und trotzdem stieß er weiter und weiter in mich, bis sich zu den hell tanzenden Punkten eine warme Dunkelheit vor meine Augen zu schieben drohte.

Er verminderte die Härte seiner Stöße und reduzierte seine Geschwindigkeit. Ich kam langsam wieder zu mir. Da hallte ein lautes Stöhnen durch den Raum und ließ mich unwillkürlich zusammenzucken. Ein paarmal trieb Tom mit heftigen Bewegungen seinen harten Schwanz noch tief in mein zuckendes Loch, ehe er sich mit aller Kraft gegen meinen Arsch drückte. Ich konnte deutlich spüren, wie sein Körper hinter mir zitterte. Sein Schwanz begann irgendwo tief in mir zu pulsieren und schon spürte ich ein warmes Gefühl in meiner Möse. Er stöhnte hingebungsvoll, krallte mir die Finger in die Hüfte, zog mich noch fester auf seinen harten, zuckenden Schwanz und pumpte sein Sperma tief in meine Möse.

Einige Sekunden lang verharrte er fast regungslos hinter mir, seinen Schwanz tief zwischen meine heißen Muskeln gedrückt. Als sein Orgasmus schließlich abgeklungen war, ließ Tom sich nach hinten auf seinen Hintern plumpsen und sein Glied glitt mit einem leisen Schmatzen aus mir heraus.

Er saß zwischen meinen weit gespreizten Beinen, dem hochgereckten Hintern und den aufklaffenden Schamlippen. Schwer atmend lag ich mit den Brüsten auf dem Boden und hing dem Gefühl, von dem harten Schwanz ausgefüllt zu sein, nach. Ich merkte, wie sich ein Tropfen Sperma von meiner Schamlippe löste und zu Boden fiel. Dann folgte noch ein Tropfen und noch einer. Ich ließ mich zur Seite fallen, um zu vermeiden, dass sich vor seinen Augen gleich ein Schwall Sperma aus mir ergoss. Doch kaum lag ich auf der Seite, lief es mir über die Oberschenkel. Ich war total fertig und am ganzen Körper schweißnass. Vor Lust am ganzen Körper immer noch leicht zitternd, lag ich einfach nur da und genoss die Empfindungen, die nur langsam verebbten.

Plötzlich kniete er auf allen vieren über mir und küsste zärtlich meine Schulter. Von dort arbeiteten sich seine warmen, feuchten Lippen langsam zu meiner linken Brust. Immer wieder saugte Tom meinen Nippel in den Mund und umspielte ihn mit der Zunge. Ich genoss die zärtliche Behandlung, doch da merkte ich, wie sein Schwanz gegen meine Pobacke drückte. *Der kann doch nicht schon wieder*, schoss es mir durch den Kopf. Da griff er bereits meinen Oberschenkel, zog meine Beine auseinander und rutschte dazwischen. Sein Schwanz glitt mehrfach zwischen meine glitschigen Lippen, rieb über die geschwollene Knospe. In der nächsten Sekunde versenkte er seine Eichel im nassen Eingang meiner Möse. Mit einem Stoß schob er sich mit einem schmatzenden Geräusch bis zur Wurzel in mich. Immer noch erschöpft, aber glücklich genoss ich das Gefühl, von seinem harten Schwanz wieder ganz ausgefüllt zu sein, und atmete seinen Duft ein.

Tom hob seine Hüfte so weit an, dass nur noch die Eichel mein Loch offen hielt, bevor er sie wieder senkte und mich vollständig aufschob. Ich genoss es, dass er sich an meinem Körper so aufgeilte und mich langsam und stetig fickte, auch wenn mein Körper noch nicht bereit war, sich erneut entflammen zu lassen.

Nach einigen tiefen Stößen, mit denen Tom seinen festen Schwanz mit Nachdruck in mich trieb, drückte er mein rechtes Bein auf den Boden und drehte dabei meinen Körper auf die Seite. Mein linkes Bein ruhte an seinem Brustkorb, während er das rechte zwischen seinen Schenkeln einklemmte. Er rutschte ruckartig auf den Knien zu mir, drückte seinen dicken Schwanz in mich und schob alles beiseite, was sich ihm in den Weg stellte. Ich japste nach Luft, als die Eichel meine Gebärmutter zusammenschob. Seine Hände hielten meinen linken Oberschenkel fest umschlossen und die Muskeln seiner Oberarme traten hervor, als sie meinen Körper weiter auf ihn zogen. Seine bohrende Schwanzspitze entzündete ein Feuer, das sich explosionsartig in meinem Körper ausbreitete.

Überwältigt von der Schockwelle, die durch meinen Körper raste, stöhnte ich willenlos und ungehemmt meine Anspannung heraus. Das Gefühl des harten Rohrs tief zwischen meinen Muskeln raubte mir beinahe den Verstand. Das Stöhnen half nicht, den Druck zu mindern, es schien mir vielmehr die Luft zu rauben. Oder waren es die drei, vier schnellen, harten Stöße, gefolgt vom brachialen Nachdrücken? Ich streckte meinen Rücken durch, legte den Kopf in den Nacken und schrie meine Lust aus meinem weit aufgerissen Mund heraus.

Tom quittierte das Biegen und Dehnen meines Körpers mit einem Brummen und presste sich noch fester gegen mich. Ich fuchtelte unkontrolliert mit meiner linken Hand in der Luft und wollte ihn wegdrücken. *Noch einen Millimeter tiefer und er zerreißt dich in der Mitte*, schoss es mir durch den Kopf, bevor erneut ein Blitz aus meiner Möse in meinem Hirn einschlug und mein Oberkörper unter gepresstem Stöhnen von einem epileptischen Zucken hin- und hergeworfen wurde.

Tom legte eine Hand auf meinen Oberkörper und beruhigte mich. Hechelnd und sabbernd kam ich langsam zur Ruhe. Als ich wieder denken konnte, übermannte mich ein seltsames Schuldgefühl. *Schau dich an, wie du dir hier sabbernd den Verstand aus dem Hirn ficken lä…* Weiter kam ich nicht. Denn seine Hand, die eben noch meine heiße linke Titte gekühlt hatte, streckte Daumen und Zeigefinger aus und zerrieb meinen harten, in Flammen stehenden Nippel. Die Nerven, die in meinem Gehirn endeten, verursachten einen erneuten Kurzschluss. Während sich mein Körper unter ihm wand, hielt er meine Beine mit seinem Körper fest und fickte mich langsam. Jeder Muskel in meinem Körper zuckte und krampfte. Zwischen meinem erstickten Stöhnen hörte ich mich fast schreien: »Fick mich hart … Du sollst meine Fotze … hart ficken!«

Die Antwort ließ nicht lange auf sich warten. Schwungvoll prallte seine Hüfte gegen meine Körpermitte, während sein harter dicker Schwanz sich erneut vollständig in mich bohrte.

»Oh Gott, ja!«, rief ich laut und krallte meine Hände tief in mein Tittenfleisch. Mit einer Hand schlug er kräftig auf meinen entblößten Hintern.

»So brauchst du es also, du kleines, geiles Fickstück.« Mit kraftvollen Stößen verlieh er seinen Worten Nachdruck. Dabei drang sein dickes Ding in einem wilden, schnellen Takt immer wieder tief in mich ein, drängte meine nasse Fotze auseinander. Stöhnend, japsend und sabbernd lag ich zwischen seinen Beinen und wurde von seinen harten Stößen regelrecht durchgeschüttelt. Scheinbar mühelos hob Tom meinen Arsch und meine nasse Fotze vom Boden hoch, während er mich auf seinen Schwanz zog, der mit unverändertem Tempo tief in mich stieß. Langsam zog sich meine Fotze immer weiter um seinen Schwanz zusammen.

Mein williges Fleisch genoss es, kompromisslos von ihm genommen zu werden. Tom stöhnte und nahm keine Rücksicht mehr auf mich. Sein Schwanz hämmerte in mich. Meine Muskeln spannten sich an, krampften für einen Augenblick, ehe ein erneuter Orgasmus mit brutaler Gewalt über mich hereinbrach. Mein Körper wurde von einem unkontrollierten Zucken geschüttelt und löste die Anspannung in meiner nassen Möse. Doch Tom ließ sich davon nicht beeindrucken. Unverändert hart hielt er meinen Oberschenkel zwischen seinen Pranken fest und trieb seinen harten Schwanz mit kräftigen Stößen zwischen meine empfindlichen Muskeln.

Voller Ekstase schrie ich unter den Stößen, die meine Fotze erneut zucken ließen und meinen ganzen Körper schüttelten. Noch immer nahm Tom mich mit unveränderter Härte, hielt meinen Unterkörper fest zwischen seinen Oberschenkeln und Armen aufgespannt und dachte offenbar nicht daran, mir eine Pause zu gönnen.

Mit jedem weiteren Eindringen seines prallen Schwanzes entlud sich ein weiteres Beben in meinem Körper. Ich wusste längst nicht mehr, ob es noch ein und derselbe Höhepunkt war oder viele. Es war mir auch egal. Wimmernd und stöhnend wand ich mich unter den Erschütterungen seiner Hüfte. Willenlos ließ ich mir den Verstand aus dem Hirn ficken, mich immer weiter von ihm treiben und genoss jeden Stoß.

Nach einer kleinen Ewigkeit, in der ich in einem immerwährenden Orgasmus gefangen war, schien auch er Erlösung zu finden. Laut stöhnend trieb er seinen Schwanz immer noch unvermindert hart, aber jetzt unkontrolliert in mich. Unter einem animalischen Grunzen entlud er sich in meine zuckende Fotze. Dabei ließ er seinen Schwanz noch zwei, drei Mal aus mir heraus und wieder in mich hinein gleiten.

Atemlos ließ Tom meinen Oberschenkel los und brach über mir zusammen. Ein Zittern ging durch meinen Körper, als sein Schwanz langsam aus mir herausglitt. Ein Schwall Sperma schoss aus mir und ergoss sich zwischen meinen Pobacken auf den Parkettboden. In diesem Augenblick war es mir egal, ich wäre sowieso nicht in der Lage gewesen, etwas zu unternehmen. Schwer atmend lagen wir auf dem Boden und ich genoss einfach nur das Gefühl der langsam abklingenden Erregung.

Er küsste mich auf den Nacken und meinte ziemlich außer Atem: »Danke, das war wirklich klasse.« Dann ließ er seinen Kopf wieder sinken.

Ich weiß nicht, wie lang wir auf dem harten Boden lagen. Als ich aufstand, um duschen zu gehen, schmerzte jeder Muskel meines Körpers, aber der in meinem Inneren besonders. *Hoffentlich zieht das keinen Muskelkater nach sich*, dachte ich. *Marathonficken – eine Sportart, mit der ich mich anfreunden könnte. Den richtigen Trainingspartner hast du ja – deinen Marathonmann*, fügte ich in Gedanken hinzu.

Sonntags im Büro

Sonja ärgert sich über sich selbst, denn sie hat wichtige Unterlagen für einen Kundentermin am Montag im Büro liegen gelassen und muss sie jetzt am Sonntag dort holen. Eine Stunde Autofahrt für nichts.

Sie steht im Aufzug des Bürogebäudes und geht noch mal den Kundentermin und die Unterlagen im Kopf durch. Sie hat definitiv an alles gedacht. Langsam verfliegt der Ärger. Wenn sie schon mal da ist, kann sie auch noch eine Tasse Kaffee mit ihrer Kollegin Silke trinken, die es schlechter erwischt hat. Silke muss das Wochenende durcharbeiten, um eine Analyse für einen Kunden abzuschließen.

Mit einem leisen Klick öffnet sich der Magnetschalter, als Sonja ihre Karte an das Lesegerät hält. Beim Öffnen der Tür hört sie, wie die bürstenförmige Abschlusskante der Tür über den Teppich reibt. Eine ungewohnte Stille herrscht im Bürotrakt. Sonst ist hier ein reges Kommen und Gehen. Die Notbeleuchtung ist in den Gängen und in den mit Glasfronten gestalteten Büros angeschaltet. Ihre Sneakers machen kein Geräusch – weder auf dem Teppich noch dem Parkettboden. Zielstrebig geht sie zu ihrem Büro, das genau am anderen Ende des Bürotraktes liegt. Auf dem Weg begegnet sie keiner Menschenseele. Alle Büros sind leer. Auf dem Rückweg will sie bei Silke vorbeischauen.

Sonja schnappt sich die Unterlagen von ihrem Sideboard und verlässt ihr Büro. Gerade als sie die Tür zuzieht, hört sie ein knarzendes Geräusch. Wie wenn Metall auf Metall reibt. Sonja lauscht in die Stille. Unwohlsein kriecht ihre Beine empor. Langsam läuft sie in Richtung von Silkes Büro, als ein dumpfes Stöhnen an ihr Ohr dringt. *Hier ist jemand gestürzt und hat sich verletzt*, schießt es ihr durch den Kopf. Adrenalin flutet ihren Körper. Sie lauscht in die Stille. *Woher kommen das*

Geräusch und das Stöhnen? Erneut ein lang gezogenes Stöhnen. Die Geräusche müssen aus der Mitte des Büroflügels kommen. Nur sind da keine Büros, sondern Besprechungszimmer, die Küche und der Beobachtungsraum für Kundentests und Befragungen.

Sonja öffnet vorsichtig die nächstgelegene Tür. Dämmriges Licht wird in den Flur geworfen. Gerade als sie die Tür schließen will, sieht sie, dass sie den Technikraum des Befragungszimmers geöffnet hat und das Licht durch die Scheibe des Einwegspiegels aus dem Nachbarraum kommt. Ein Blick durch die Scheibe lässt sie erstarren. Ihre Gedanken rasen wild durcheinander. Sich aus ihren Gedanken lösend schaut sie noch einmal durch den Einwegspiegel, durch den sie freie Sicht auf den hell erleuchteten angrenzenden Raum hat. Mit einem Schmunzeln auf den Lippen verinnerlicht sie den Anblick, der sich ihr bietet.

Silke kniet auf einem der Barcelona Chairs, die Knie rechts und links mit einem Seil an den Metallstreben fixiert, die Arme fest auf den Rücken gebunden. Ihr Oberkörper ist mit den nackten Brüsten über die Rückenlehne leicht nach vorn geneigt, der Hintern schwebt als höchster Punkt über der Sitzfläche. Die hellen drallen Pobacken unter dem bis zur Hüfte hochgeschobenen schwarzen Rock schimmern rot. Unmittelbar hinter ihr steht Jens, ein großer, kräftig gebauter Kerl aus der Marketingabteilung. Er schlägt seine Hüfte in schnellem Takt gegen Silkes exponierte Backen.

Fasziniert von dem Schauspiel schaut Sonja gebannt zu. Sie steht an der Kante des Bedienpultes für die Technik, mit dem Kundeninterviews und Produkttests aufgezeichnet werden. Jens bewegt seine Hüfte in einem ruhigen Takt vor und zurück, dringt dabei aber immer wieder tief in die leicht zugängliche Möse der aufgebockten Frau ein. Jedes Mal, wenn sein Becken gegen Silkes Hintern prallt, kann Sonja deutlich sehen, wie ein Ruck durch ihre Freundin geht. Ihre Anspannung wandelt sich in Aufregung und Erregung. Wie von allein bewegt sich ihre rechte Hand in ihre Jeans und zwischen ihre Schenkel. Ihre Fingerspitzen tasten sich langsam über den weichen Stoff ihres Tangas und fühlen eine deutliche Feuchtigkeit. Für einen Moment zögert sie, dann schaltet sie die Mikrofone in dem Raum an. Ihre Fingerspitzen massieren über die Stelle des Stoffs, unter der sich ihr Kitzler befindet. Sie ist allein im Raum und niemand wird sie stören. Da es sich bei der Scheibe um einen Einwegspiegel handelt, wird Silke nicht davon erfahren, dass sie da war. Oder dass sie sich selbst befriedigt hat, während sie dabei zusah, wie ihre Kollegin gevögelt wird.

Sonja richtet ihre Aufmerksamkeit wieder auf die Geschehnisse im Nebenraum. Unter den festen Stößen von Jens nähert sich Silke offenbar langsam ihrem Höhepunkt. Fasziniert beobachtet Sonja, wie sich ihre Freundin dem harten Schwanz entgegenreckt, seine Stöße regelrecht herbeisehnt und bei jedem von ihnen genüsslich aufstöhnt. Sonjas Finger passen sich dem Takt von Jens an, während ihr Blick konzentriert auf die Scheibe gerichtet ist. Sie beobachtet, wie ihre Freundin sich verkrampft, ihre Brüste fest gegen die Rückseite der Rückenlehne schiebt und sich vor Erregung hechelnd auf die Brüste sabbert. Der Anblick ist zu viel für Sonja: Sie braucht es auch fester und schiebt den Stoff des Tangas zur Seite, um sich kräftig durch ihre nasse Möse zu reiben. Sie seufzt zufrieden, streicht mit zwei Fingern ihre Schamlippen ein wenig auseinander und dringt mit den Fingerspitzen durch ihren empfindlichen Muskel in sich. Im nächsten Moment hallt ein lauter Schrei durch den Lautsprecher und Silkes Körper zuckt unkontrolliert und voller Ekstase. Sonja erschrickt kurz, bis ihr bewusst wird, dass niemand die Geräusche in dem gut schallisolierten

Technikraum hören kann. Sie grinst breit, während sie dem lauten Stöhnen ihrer Freundin lauscht, die ihren Orgasmus in die Welt hinausschreit.

Sonja zieht ihre pumpenden und feuchten Finger aus ihrem nassen Loch. Sie presst die Finger eng auf ihren Kitzler, um sie in schnellen, engen Kreisen auf ihm zu bewegen. Sofort schießen bunte Blitze von ihrer empfindlichsten Stelle in ihren Kopf. Dieses wahnsinnig geile Gefühl raubt ihr den Atem. Dumpf klatschend vernimmt sie das Geräusch von Jens' Becken, das bei jedem Stoß gegen Silkes Hintern donnert. Genau wie Sonja erhöht Jens das Tempo. Immer schneller bewegt er seine Hüfte vor und zurück, immer kraftvoller treibt er seinen harten Schwanz in Silkes feuchte Möse.

Wie in Trance stöhnt, keucht und schnaubt Sonja vor sich hin. Lüstern verdreht sie die Augen. Ihre Möse beginnt zu zucken und ihre Finger spielen gekonnt mit ihrem Kitzler, tauchen tief in ihr nasses Loch, um mit den feuchten Fingern wieder ihre kleine Perle zu drücken und sie sanft zwischen den Fingern hin und her zu reiben. Den Blick fest auf Silke und Jens gerichtet, erreicht Sonja schließlich ihren Höhepunkt. Ein gurgelnder Brei aus Stöhnen und Keuchen quillt aus ihrer Kehle. Ihre Knie geben nach und an den Tisch gelehnt kostet sie das rhythmische Zucken ihrer Möse und das wohltuende Pulsieren in ihrem Becken aus.

Parallel zu ihr scheint Silke einen weiteren Orgasmus zu erreichen. Sie zittert ekstatisch und stößt gerade in diesem Moment ein lautes und kehliges Stöhnen aus. Ihr gesamter Körper scheint sich zu verkrampfen. Sonja kann am rhythmischen Zucken von Silkes Schließmuskel erkennen, dass sie gerade einen Höhepunkt erlebt. Unbeeindruckt von Silkes Orgasmus nimmt Jens sie mit seinem harten Schwanz weiter kraftvoll von hinten. Sie schreit ihre Lust heraus, was Jens weiter anspornt. Langsam beruhigt sich Silke und Jens reduziert das Tempo. Sein Schwanz gleitet schmatzend aus der nassen Möse, bis nur noch die Eichel zwischen den geröteten Schamlippen liegt. Genauso langsam dringt Jens wieder in sie ein, drückt seine Hüfte nach vorn, bis er so tief in ihr ist, dass seine Hoden gegen ihren nassen Schritt pendeln. Mit derart langsamen, aber dennoch kraftvollen Bewegungen dringt er in Silke ein.

Diese beginnt unruhig mit ihrem Hintern zu wackeln. Nur ganz allmählich wird sein Takt wieder etwas schneller. Silke schreit fast hysterisch, er solle sie ficken. Doch Jens genießt jede Sekunde, jede Bewegung und jede Empfindung. Langsam dringt sein harter Schwanz in Silkes offene Möse. Sie stöhnt einmal kurz auf, dann wird ihr Körper erneut von Krämpfen geschüttelt. Sie schreit ihre Lust heraus. Jens schmiegt seine Hüfte so fest er kann an ihren Hintern. Er treibt seinen harten Schwanz so tief es ihm möglich ist in ihren Körper. Eine Muskelkontraktion ihrer zuckenden Möse überwältigt ihn endgültig. Seine Hüfte fängt an zu zittern, bis seine Lust und Begierde alle Dämme bricht und er seine Hände in Silkes prallen Arsch krallt. Wild pulsiert der Orgasmus durch seinen Körper, begleitet von einem tiefen, kehligen Stöhnen. Mit zuckender Hüfte steht er dicht hinter Silke, noch ein paarmal sachte zustoßend.

Sonja wartet noch ein paar Augenblicke, bis sie sich selbst wieder voll unter Kontrolle hat. Im Nachbarraum löst sich Jens von Silke, wobei sein noch halb erigierter Schwanz aus ihrer Möse gleitet. Durch die gespreizten Beine kann Sonja die dunkelroten, leicht geschwollenen Schamlippen sehen. Sie sind noch immer leicht geöffnet und eine dünne Spur milchig weißen Samens rinnt vom Eingang ihrer Scheide nach unten. Silke richtet sich auf und prompt ergießt sich ein größerer Schwall Sperma aus ihrer Scheide und landet mit einem platschenden Geräusch auf dem Leder. Silke versucht, dem Rinnsal Einhalt zu gebieten, doch sie kann schlichtweg nichts dagegen unternehmen. Der Samen folgt dem Gesetz der Schwerkraft und rinnt aus ihr heraus. Noch immer an den Sessel gefesselt und mit auf den Rücken gebundenen Armen läuft ihr das Sperma an beiden Oberschenkeln hinab und tropft auch weiter von ihren Schamlippen aus auf die lederne Sitzfläche. Silkes Knie zittern, während Jens sie von hinten in den Arm nimmt.

Sonjas Kreislauf protestiert sachte, als sie sich schließlich vom Schreibtisch löst und mit ein paar wackligen Schritten den Raum durchquert. Leise schließt sie die Tür und schleicht in Richtung Ausgang.

Der Beach Club

Ich liege auf meiner Strandmatte im Beach Club und lasse mich von der Sonne wärmen. Obwohl es noch früh am Tag ist, brennt die Sonne auf meiner Haut. Im Halbschatten lese ich ein Buch und beobachte hin und wieder, wie sich der Strand des Clubs langsam füllt. Trotz des nicht ganz günstigen Vergnügens eines privaten Strandes ist das Publikum hier nicht nur von Möchtegern-Promis bevölkert.

Natürlich gibt es auch hier die zwanzigjährigen Mädels mit zurechtgehungerten Körpern und perfekten Brüsten, die den ganzen Tag in einem permanenten Schauspiel ihren Körper zur Schau stellen. Sie sind schön anzuschauen, aber die Anstrengung, die ihnen das Schauspiel abverlangt, lässt sie unerotisch erscheinen. Die Prozedur des Eincremens ist hin und wieder interessant anzuschauen, aber das war es auch schon. Kurzweilig zu beobachten sind dagegen die kleinen Kinder, die sich den ganzen Tag der Faszination des Wassers nicht entziehen können. Jede noch so kleine Entdeckung wird zelebriert.

Ich lasse meinen Blick über den Strand gleiten. Eine hoch

gewachsene Frau, die sich gerade an einer Familie vorbeischlängelt, zieht meine Aufmerksamkeit auf sich. Ihr braunes, leicht lockiges Haar hat sich im Pferdeschwanz nicht ganz bändigen lassen und schimmert in der Sonne. Ihre Augen hat sie unter einer großen Sonnenbrille versteckt. Die langen, durchtrainierten Beine stecken in einfachen, farbigen Shorts, über die sie farblich passend eines dieser durchsichtigen Strandtops trägt. Darunter kann man ihre großen Brüste im Bikinioberteil mehr als nur erahnen.

In der einen Hand schleppt sie eine riesige Strandtasche, in der sich ein halber Hausstand verstauen ließe, in der anderen ein Buch. Alles an ihr scheint zufällig aufeinander abgestimmt. Schlichte Shorts und auffälliges farblich passendes Oberteil, graziler Gang, riesige Tasche. Einer der Angestellten begrüßt sie freundlich und führt sie über den Strand. Er steuert in meine Richtung und weist ihr die Matte direkt vor mir zu. Ich kann mein Glück kaum fassen.

Sie begrüßt mich mit einem Lächeln und Kopfnicken, nimmt ihre Matte in Besitz, zieht sich bis auf den Bikini aus und lässt sich im Halbschatten ihres Sonnenschirms nieder. Dort widmet sie sich ihrem Buch. Hin und wieder treffen sich unsere Blicke, wenn ich von meinem Buch aufblicke, um mich an ihrem tollen Körper zu erfreuen. Das ein oder andere nette Lächeln bekomme ich auch geschenkt. Ich fasse den Entschluss, sie »spontan« zu fragen, ob sie mit mir am Strand mittagessen will. Sie rollt sich zu ihrer Tasche, fingert eine Flasche Sonnencreme heraus, stellt sie zwischen ihre leicht gespreizten Beine und öffnet ihr Oberteil. Ich muss meinen Blick förmlich von ihr reißen, um nicht zu starren. Zwei große Brüste, deren helles Fleisch sich deutlich von der gebräunten Haut abhebt, kommen zum Vorschein. Auf den beiden tropfenförmigen Brüsten stehen zwei dunkelrote Nippel inmitten von zwei hellrosa Warzenhöfen und zeigen direkt auf mich. Die Trägerin dieser Schönheiten lächelt sie süffisant an und sprüht aus der Flasche mehrere Pumpstöße Sonnencreme auf sie.

Die Nippel werden sofort steif und die weiße Sonnenmilch rinnt die üppigen Rundungen herunter. Das Bild lässt nur eine Assoziation zu. Ich schaue in eine andere Richtung und drehe meine Augen links aus den Augenhöhlen, um keine Sekunde des Schauspiels zu verpassen. Sie stellt die Flasche langsam wieder zwischen ihre Beine und fängt einen Tropfen der weißen Milch mit ihrem Zeigefinger auf, bevor er von ihrem steifen Nippel zu tropfen droht. Sie cremt ihre Brüste ein. Nicht lasziv, aber gerade so langsam … Und dieses süffisante Grinsen, mit dem sie ihre Brüste bedenkt! Ihr Blick fixiert mich jetzt. Ich merke, wie das Blut in meinen Schwanz schießt und sofort eine sehr harte und schmerzhafte Erektion in meine Badeshorts zaubert.

Ich weiß nicht, was in dem Moment peinlicher ist – die Erkenntnis, dass sie mich dabei ertappt hat, wie ich sie beim Eincremen beobachte, oder meine deutliche Erektion. Fast genauso viel Blut, wie meinen Schwanz zum Bersten zu bringen scheint, schießt mir in den Kopf. Ich rolle mich auf den Bauch und blicke sie dummerweise direkt an. Sie lächelt mich an und legt ihren Mittelfinger auf die Lippen. Richtig beruhigen will mich das nicht.

Sie nimmt ihr Bikini-Oberteil und legt es wieder an. Ich atme hörbar aus und bekomme ein freundliches Lächeln und einen Blick über die auf die Nasenspitze gerutschte Brille geschenkt. Sie scheint mir das Ganze nicht übel zu nehmen. Ich bin erleichtert. Die Sonnencreme in der Hand sprüht sie sich die Beine ein und beginnt, sie einzucremen. Sie beugt sich weit vor und ihre großen Brüste wippen leicht vor und zurück. Ich bin in der Falle. Aufstehen oder mich umdrehen kann ich nicht, wenn ich nicht will, dass jemand meinen harten Schwanz in meiner Badehose sieht. Die Augen schließen lässt meine Geilheit nicht zu. Und der Anblick dieses Dekolletés und das Wissen um diese wunderschönen geilen Brüste lassen meine Eichel unter dem Druck des Blutes in meinem Schwanz schmerzen.

Sie weiß es und genießt es, mich in den Händen zu haben. Als sie die Oberschenkel erreicht, winkelt sie ihre Beine leicht an und spreizt sie unauffällig. Genug, um mir einen perfekten Einblick zu gewähren. Ich kann deutlich sehen, wie sich die Lippen unter dem dünnen Stoff abzeichnen. Ich bilde mir ein, einen dunklen Fleck auf ihrem Bikinihöschen zu erkennen. *Sie ist feucht und geil*, schießt es mir in den Kopf. Ich atme schwer, um meine Lust unter Kontrolle zu bringen. *Nein, die Fantasie geht mit dir durch*, denke ich und will möglichst schnell ins kalte Wasser gehen. Da richtet meine Liebe ihr Höschen. Dabei rutscht es zur Seite und gewährt mir einen uneingeschränkten Blick auf ihre rasierte und nasse Möse. Sie schaut mich an und prüft, ob ich noch bei der Sache bin. Dabei lässt sie ihren Mittelfinger über ihre Klitoris gleiten. Ich muss alle Willenskraft aufwenden, um nicht die Strandmatte zu ficken. Mein harter Schwanz ist jetzt das geringste Problem. Ich merke, wie er feucht wird.

Mit meinem bisschen Restverstand bete ich ein Mantra: *Schau weg, beruhige dich, schau weg, beruhige dich*. Sie greift plötzlich hinter sich, nimmt ein kleines Handtuch, streift sich die Sonnenbrille von der Nase und reibt sich den leichten Schweißfilm vom Gesicht. Das untere Ende des Handtuchs fällt über ihren Schritt. Ende des Schauspiels.

Doch nein, sie schaut mich mit gesenktem Kopf durch ihre weit aufgerissenen Augen an, das Handtuch beiläufig gegen ihren Mund gepresst. Ich kann sehen, wie sie ein heftiger

Orgasmus überrollt und sie alles aufbieten muss, um keinen der anderen Badegäste daran teilhaben zu lassen. Ihre Augen fixieren mich fast flehend. Ihr ganzer Körper wird stocksteif, nur ihre Füße zittern ganz leicht. An ihren Armen stellen sich die feinen Härchen auf und eine Gänsehaut läuft über ihren Körper. Glasige leere Augen starren mich an. Dann weicht die Starre aus ihrem Körper und sie lässt sie erschöpft nach hinten auf die Matte fallen.

Ich bin so fasziniert, dass ich meine Geilheit fast vergesse. Jetzt reißt mich der Schmerz meiner Riesenerektion wieder in die Realität. Ich schaue mich um. Niemand hat von dem spektakulären Schauspiel Notiz genommen. Das ist erleichternd, aber nicht für mich. Niemand schaut, der Strand ist frei und ich erhebe mich, um schnell ins kühle Meer zuspringen. Mein erhitzter Körper wird abgeschreckt und ich muss stoßweise aus- und einatmen. Dann schwimme ich los.

Nach hundert Metern erreiche ich eine Plattform, ziehe mich hoch und setze mich mit dem Rücken zum Strand darauf. Ich muss mich beruhigen, aber die Bilder sind noch zu frisch im Kopf. Bei dem Gedanken an das nasse Fötzchen, welches fast zum Greifen nah vor meiner Nase war, kann sich mein Schwanz nicht beruhigen. Die Erektion ist zwar nicht mehr schmerzhaft hart, aber noch so fest, dass mein Schwanz sofort in sie eindringen könnte. Da so weit draußen niemand ist, bleibe ich erst einmal mit meinem harten Schwanz sitzen.

Plötzlich taucht unter Wasser ein Haarschopf auf. Im nächsten Augenblick zieht sich die schöne Unbekannte zwischen meinen Beinen an meinen Knien hoch. Sie lächelt mich an und greift mir in den Bund der Shorts. Ich bin so perplex, dass ich nichts sage. Mein Schwanz springt ins Freie. Sie legt die Oberarme über meinen Oberschenkel, hält sich so über Wasser und präsentiert mir gleichzeitig ihre geilen Titten. Mit einer Hand packt sie meine Eier und massiert sie, während ihre Lippen sich über meine Eichel stülpen. Ich schäle die beiden Titten aus ihrem Oberteil, massiere sie und knete ihre Nippel. Ein leises Stöhnen entfährt ihrem Mund. Das ist zu viel. Ich stöhne laut auf, während mein Becken zuckt und krampft. Drei heftige Schübe Sperma treffen sie im Gesicht und in den Haaren und tropfen gemeinsam mit dem letzten Rinnsal aus meinem Schwanz auf ihre Brüste. Sie lächelte selig, wartet noch einen Moment, bis ich mich beruhige, und taucht wieder ab. Ich kann sie im Wasser sehen.

Dann schießt sie an die Oberfläche, stützt sich mit beiden Händen auf meine Oberschenkel, küsst mich und sagt: »Wir sehen uns am Strand.« Gleich danach ist sie wieder abgetaucht. Ich bleibe erst einmal sitzen, um mich von dem Ganzen zu erholen.

WILDER-OPEN-AIR-SPASS

Das Open-Air Konzert ist zu Ende. Das Klassikkonzert mit Filmmusik und Feuerwerk war einfach phänomenal. Nach dem frenetischen Applaus bewegen sich Hunderte von Gästen in Richtung der Shuttelbus-Haltestellen. Ströme von fröhlichen Menschen schieben sich über die mit Fackeln und großen Kerzen beleuchteten Wege. Isabelle und ich lassen uns von der Menge treiben. Kurz vor der Haltestelle löst sie sich von meiner Hand.

»Warte kurz«, ruft sie mir zu und verschwindet in der Dunkelheit neben dem Weg.

»Beeil dich! Der Bus fährt gleich los!«, rufe ich ihr noch hinterher, da taucht sie auch schon wieder grinsend neben mir auf.

An der Haltestelle drängen die Konzertbesucher in die Busse. Wir schieben uns an die Tür, doch ein freundlicher Ordner hält uns zurück, bevor die Tür sich schließt. »Sie sind die Ersten im nächsten Bus«, spricht er Isabelle an. Während des Wartens schlinge ich meine Arme von hinten um sie. Der nächste Bus fährt vor und hält direkt vor uns. Sie windet sich aus meiner Umarmung und macht einen schnellen Satz in den Bus, um sich auf einen der Einzelsitze an der Seite zu setzen. »Komm her!«, ruft sie. Als ich mich neben sie stelle, erhebt sie sich mit den Worten: »Komm, alter Mann, setz dich.« Ich setze mich und denke: *Was soll das denn?* Doch da sitzt sie schon grinsend auf meinem Schoß und gibt mir einen Kuss.

»Hat dir das Konzert gefallen?«, fragt sie mich.

»Ja, es war ein toller Abend«, erwidere ich.

Der Bus füllt sich und die Besucher, die keinen Sitzplatz erwischt haben, stehen wie die Ölsardinen zusammengepfercht nebeneinander. Ich schlinge die Arme um Isabelle und ziehe sie fest an mich. »Hmmm, was für ein leckeres Mädchen«, brumme ich ihr ins Ohr. »Da würde ich am liebsten das Kleidchen lüften und …«

»Schatz, ich sitze auf deinem besten Stück und hätte nicht mal was dagegen …«, grinst sie mich an.

»So, so, Fräulein Mutig …«, frotzle ich.

»Hey, das habe ich nicht ironisch gemeint«, protestiert sie gespielt beleidigt. Dann beugt sie sich zu mir und flüstert mir ins Ohr: »Ich war schon auf dem Konzert geil und hätte mich am liebsten in einer dunklen Ecke von dir nehmen lassen.« Bevor sie sich von mir löst, knabbert sie an meinem Ohrläppchen.

Ich schiebe meine Hand zwischen Fahrzeugwand und ihren Hintern. Langsam raffe ich den Stoff ihres Kleides. Sie kommt mir zu Hilfe und hebt ihren Hintern leicht an. Schon halte ich ihren nackten Hintern in der Hand.

»Du trägst kein Höschen«, flüstere ich ihr zu.

»Ich habe dir doch gesagt, dass es mir einfach zu heiß war«, sagt sie laut und grinst.

»Was?«, frage ich und ziehe dabei wohl ein so blödes Gesicht, dass sie lachen muss. Bevor sie etwas erwidern kann, schiebe ich ihr Ring- und Mittelfinger in die Spalte und drücke mit dem Daumen gegen ihren Anus. Sie schüttelt sich und Gänsehaut ist auf ihren Armen zu sehen.

»Mhmm … Du bist böse«, strahlt sie mich an. »Ich will, dass du mich fickst … jetzt und richtig«, setzt sie nach.

»Neben uns stehen Leute. Die kriegen es mit, wenn ich mich bewege«, entgegne ich.

»Das ist mir egal, tu es!«

»Wie soll ich meinen Schwanz aus der Hose bekommen, wenn du draufsitzt?«, frage ich.

Isabelle erhebt sich und quetscht sich zwischen meine Beine, den Sitz und die Mitfahrer. Mit den Worten »Halt mal« drückt sie mir ihre Tasche in die Hand. Sie greift an der Tasche vorbei, öffnet meine Hose und zieht meinen Schwanz aus der Hose. Genüsslich wichst sie ihn ein paarmal und verreibt mit dem Daumen den Lusttropfen auf der dicken Eichel. »Der wird ja schon hart.« Sie strahlt zufrieden. Ich kann nicht anders und hebe meine Hüfte leicht an, um meinen Schwanz in ihre Hand zu schieben. Sie beugt sich vor und seufzt mir süffisant ins Ohr: »So ist es schön, fick meine Hand!« Dann schließt sie die Hand noch etwas fester um meinen steifen Schwanz. Ihr fester Griff und die enge Umklammerung fühlen sich gut an – ein ziemlich intensives Gefühl, das sie mir beschert.

»Weißt du, wie geil es mich macht, dich so in der Hand zu haben?«, fragt sie. »Meine kleine Fotze ist schon ganz nass. Wenn du jetzt mein Kleid leicht anheben würdest, könntest du mir deinen Schwanz einfach reinschieben.«

Damit nimmt sie mir die Tasche aus der Hand und zwängt sich wieder mit dem Hintern zu mir. Ich nutze die Chance und raffe ihr Kleid. Als es hoch genug ist, setzt sie sich auf meinen Schoß. Wir müssen beide lachen. Ich spüre, wie meine Eichel über die weiche Haut in die Poritze rutscht. »Falsches Loch«, flüstert sie mir ins Ohr und hebt ihren Hintern leicht an. Ich dirigiere meinen Schwanz zu ihrem Fötzchen, reibe mit der prallen Eichel über ihre Spalte und verteile den Saft ihrer glitschigen Möse.

»Möchtest du da rein?«, fragt sie und senkt ihre Hüfte, bis der harte Schwanz sich komplett durch ihren Muskel gedrückt hat. Ein Zittern jagt durch ihren Körper. Ich halte die Luft an, um nicht zu stöhnen. Mein Schwanz ist komplett in Isabelle. Ihre warme, nasse Möse umschließt ihn vollständig und massiert ihn sanft. Sie schiebt ihr Becken ganz leicht vor und zurück. Diese kurzen und leichten Bewegungen machen mich verrückt. Ich will stoßen, lang, tief und fest. Sie dreht ihren Kopf zu mir und schaut mich an. Ihr Gesicht spricht Bände.

Der Bus hält. »Mist, wir müssen raus!«, rufe ich. Isabelle schreckt auf und stemmt sich panisch in die Höhe. Mein praller, nasser Schwanz ploppt aus ihr heraus und pendelt wie wild hin und her. Zum Glück schauen die Leute im Tumult auf sie. Ich schiebe mein Sommerjackett über meinen Schwanz und zwänge mich hinter sie. Langsam schieben wir uns Richtung Ausstieg und stehen mit den anderen Fahrgästen im Freien. Isabelle dreht sich zu mir und lacht. »Geht's oder ist es zu luftig?«

»Verarschen kann ich mich selbst«, entgegne ich.

Doch sie macht einen Schritt auf mich zu, greift mir unter das Jackett und wichst meinen Schwanz. »Fuck, der ist ja immer noch stahlhart«, kommentiert sie und tastet dabei meinen Hintern ab.

»Ja!«, lache ich und drücke ihn in die Hose. »Du wirst dich gedulden müssen, bis wir im Hotel sind.«

Sie zieht eine Schnute und wir laufen Richtung Hotel. Ich ziehe sie ein paar Häuser weit hinter mir her. So richtig will sie nicht ins Hotel. Als wir an einem Haus mit einem ziemlich dunklen, im Schatten liegenden Hauseingang vorbeikommen, drücke ich sie in die dunkle Hofeinfahrt. Auf halber Höhe zum Hinterhof schiebe ich sie die Treppenstufen zum Hauseingang hinauf. Ich packe sie an den Haaren, ziehe ihren Kopf in den Nacken und küsse sie innig.

Das Licht über der Tür geht an. Mir ist das egal. Ich hebe sie leicht hoch und drücke sie mit dem Rücken gegen die Tür – so hoch, dass sie ihre Beine um meine Taille schlingen kann. Ich lasse ihren Kopf los und hole meinen harten Schwanz aus der Hose. Ich dirigiere die Eichel an ihr Loch und drücke sie hinein. Die Tür knarzt durch den Druck. Isabelle hält meinen Kopf mit beiden Händen umschlungen und stöhnt mir küssend in den Mund. Ich fange an, sie im Stehen zu ficken. Die Tür poltert bei jedem weiteren Stoß im Schloss.

Ich hämmere ihr meinen Schwanz mit harten, schnellen Stößen von unten in ihre nasse, offene Fotze. Aber aus der Position kann ich ihn nicht tief versenken. Isabelle japst: »Ja, fick mich hart!« Ich packe sie, drehe sie um und ramme ihr meinen harten Schwanz von hinten hinein. Mit den Händen halte ich sie an der Hüfte und ziehe sie mit jedem Stoß meiner dicken Latte entgegen. Meine Hüfte klatscht gegen ihren Prachtarsch und mein Sack gegen ihre nasse Kliti. Ich bearbeite sie von hinten, penetriere sie mit harten, tiefen Stößen. Sie keucht, japst nach Luft, aber streckt mir dennoch fordernd ihren Hintern entgegen. Die Arme weit ausgestreckt, damit sie sich an den Mauern des Hauseingangs abstützen kann, den Rücken bis zur Belastungsgrenze durchgedrückt und ihre Beine gespreizt, gibt sie sich mir hin. Sie will mir keinen Widerstand bieten, keinen Millimeter meines harten Schwengels in ihrer Fotze verpassen.

Ihre Möse fängt hektisch an zu zucken und ihre Beine beginnen zu zittern. Sie stöhnt gegen ihre zusammengepressten Lippen. Sie will mich hören lassen, wie heftig es ihr gerade kommt, und doch will sie nicht die Straße zusammenschreien. Ihr entfährt ein gurgelnder und röchelnder Laut, als sie die Luft durch ihren weit aufgerissenen Mund einsaugt. So verkneift sie sich das Schreien. Ich stoße weiter und will auch kommen. Mir schnürt die eigene Geilheit die Luft ab.

Da fragt jemand: »Ja, bitte?« Ich kann nichts sagen, nur schnaufen. »Wer ist da? Geht es Ihnen nicht gut?«, setzt die Stimme aus der Gegensprechanlage nach.

»Ups, da habe ich die falsche Klingel erwischt«, säuselt Isabell total gefasst in das Mikrofon.

»Ach, wirklich?«, kommt es aus dem Lautsprecher und dann ertönt ein Klicken vom Auflegen.

»Uaaaaaah, ist das geil«, entfährt es ihr.

»Bitte?«, kommt eine andere Stimme aus der Anlage.

Scheiße, sie muss alle Klingeln gedrückt haben … egal, denke ich. Und erhöhe das Tempo. Mit langen und harten Stößen ramme ich ihr meinen Schwanz in die klatschnasse Fotze. Ich will spritzen. Der Druck in mir ist geil und doch unerträglich. Ich bin kurz davor und doch so weit weg. Nur noch ein paar harte Stöße. Ich drücke ihr meinen harten Schwanz immer wieder durch den zuckenden Muskel. Auch sie weiß, dass ich gleich so weit bin, und tänzelt mit ihren hohen Schuhen vor mir, sodass ihr Arsch wackelt. »Jaaah, Baby, komm, komm schnell«, feuert sie mich laut an.

»ICH KOMM GLEICH runter, du blöde Göre!«, brüllt jemand in die Sprechanlage und schmeißt den Hörer in die Gabel. Ohne sich um unser Publikum zu kümmern, macht sie weiter. »Spritz mich voll, füll mich ab.« Ich kann mich nicht mehr zurückhalten und lasse meiner Lust freien Lauf. Ich ziehe sie fest auf meinen Schoß. Die ganze angestaute Geilheit entlädt sich explosionsartig. Ich spritze ihr meine heiße Ficksahne tief in die Fotze. Ich stöhne mit jedem Schub. Nach vier oder fünf Mal kann ich wieder klarer denken. Ich ziehe meinen Schwanz aus ihr, auch wenn ich lieber das Gefühl, in sie zu fließen, ausgekostet hätte. Plötzlich geht das Licht im Treppenhaus an und erleuchtet zusätzlich die Fenster über der hölzernen Eingangstür.

»Komm, schnell«, rufe ich. Sie reißt sich die Pumps von den Füßen und wir rennen auf die Straße. Bei der nächsten Kreuzung biegen wir rechts ab.

»Scheiße«, rufe ich. Mein halbsteifer Schwanz hängt aus der Hose und rund um den Reißverschluss ist alles mit unseren Säften verschmiert.

»Das war geil!«, prustet sie, hebt ihr Kleid an und spreizt die Beine. Im Licht der Straßenlaterne ist deutlich ihre rote offene und nasse Möse zu sehen, aus der es zwischen ihren Schenkeln herausrinnt.

Sie ist total eingesaut und grinst selig. »Oh ja, das war und ist noch geil. Ich will ins Hotel – jetzt …!«, schnaubt sie noch leicht aus der Brust. Ich packe meinen Schwanz wieder ein.

»Ja, ich auch …« sagte ich und schnappe mir ihre Hand.

Der Keller

Der Sonntagmorgen begann eigentlich ganz gemütlich mit einer Tasse Kaffee und einem Müsli, bis meine Frau ganz dringend Unterlagen für ihr Abiturtreffen benötigte. Das Jahrbuch war in einer Überseekiste im Keller gelagert. Genervt unterbrach ich die Diskussion und schnappte mir den Kellerschlüssel. Angefressen fuhr ich mit kurzen Sporthosen und einem T-Shirt, das ich zum Schlafen angehabt hatte, sowie Sneakern mit dem Fahrstuhl in den Keller. Die Überseekiste stand oben in einem Kellerregal und war mit Büchern gefüllt. Mir blieb nichts anderes übrig, als die schwere Kiste von dort herunterzuhieven. Ich wühlte die Bücher durch und hatte das Jahrbuch schnell gefunden. Nachdem ich die Kiste verschlossen hatte, wuchtete ich sie mir vor die Brust und drückte sie auf das obere Regalbrett. Mit lautem Rumpeln fiel irgendein Gegenstand hinter der Kiste um. Laut fluchend stand ich mit gespreizten Beinen vor dem Regal und hielt die Kiste auf der Kante des Regalbretts, damit sie nicht abrutschte. Als ich die Kiste heruntergenommen hatte, hatte ich sie anders greifen und mit der Brust abstützen können, bevor ich sie rechts und links an den Griffen nehmen und auf den Boden ablassen konnte. Mit den Armen weit gespreizt die Kiste an den Griffen haltend, konnte ich die Kiste zwar ohne Problem halten, aber nicht einfach herunternehmen.

»Hallo, mein Schatz«, hörte ich meine Frau hinter mir. »Soll ich dir helfen?«

»Kannst du bitte das Ding unter der Kiste vorziehen, damit ich sie auf dem Regalbrett abstellen kann?«

Sie trat hinter mich und fuhr mir die Oberarme entlang. »Das sind aber starke Arme«, flüsterte sie mir ins Ohr. Dabei fuhr sie mit den Handflächen über meine Brust und ließ die Finger unter meinen Hosenbund gleiten. Ich schimpfte, sie solle den Blödsinn lassen, und mir lieber helfen. »Das mache ich doch – mein Schatz«, erwiderte sie, hakte die Daumen in meine Hose und zog sie mir unter den Hintern. »Oh, da hat aber jemand schwer zu tragen«, säuselte sie mir ins Ohr.

Ich wollte protestieren, kam aber nicht dazu. Beherzt griff sie mir von hinten zwischen die leicht gespreizten Beine und umschloss meinen Sack mit fester und harter Hand. Dabei rieb sie meine Eier gegeneinander, dass mir fast die Luft wegblieb. Ein leichter Schmerz schoss mir in den Bauch und ich atmete schwer aus.

Gerade als ich wieder ansetzen wollte, erstickte sie mit einem erneuten festen Druck auf meinen Sack mein erstes Wort im Keim und nur ein »Ahrggg« kam aus meiner Kehle. Ich konnte mich nicht wehren und meinen Schwanz hatte ich auch nicht mehr unter Kontrolle. Er schwoll nicht nur zu voller Größe an, sondern wurde stahlhart. Unter leichtem Ziehen schob sich die rote Eichel aus der Vorhaut.

»Mmmmh, was hat mein Hengst für einen geilen harten Schwanz?« Dabei fuhr sie den Schwanz mit dem Zeige- und Mittelfinger entlang, ohne meinen Sack aus ihrem fest Griff zu entlassen. Ein paarmal zog sie dabei die Haut gegen den Hoden. Der Schwanz klatschte jedes Mal gegen den Bauch und die dunkelrote und zum Bersten gespannte Eichel schwoll noch weiter an. Aus der Öffnung drückte sich ein Tropfen Flüssigkeit. Ich keuchte laut und japste, als sie mir ihren Daumen gegen die Rosette drückte.

»Oh ja, mein geiler Fickhengst. Da freust du dich.«

Ihre rechte Hand glitt unter mein T-Shirt und suchte nach meiner Brustwarze, die sie zwischen Zeige- und Mittelfinger klemmte. Wie eine Schraubzwinge umschlossen ihre Finger den Nippel und zogen ihn in die Länge. Dabei massierte der Daumen ihrer anderen Hand unter Druck meine Rosette. Ich stöhnte hemmungslos.

»Na, na, na, immer langsam«, flüsterte sie leise und ließ mich los. Mein Schwanz pulsierte in der Luft. Sie strich mir über den Rücken, auf und ab. Ich wollte ficken, stoßen, meinen Schwanz hineinrammen, doch meine Hüfte stieß in die Luft.

»Oh, da kann es einer kaum abwarten, eine Stute zu besteigen«, hörte ich hinter mir. Dann umschloss ihre Linke meinen Schwanz und wichste ihn grob und schnell. Die Geilheit schoss mir vom Schwanz ins Gehirn und knipste alle Lampen aus.

Ich stöhnte wie ein Tier. So schnell, wie sie begonnen hatte, so schnell hörte sie auch wieder auf. Mein Gehirn brauchte ein paar Sekunden, bis es realisierte, dass es vorbei war.

Mein Schwanz tropfte. Ein dünner Faden klarer Flüssigkeit zog sich von der Spitze Richtung Boden. Mit dem linken Zeigefinger fuhr sie über die Öffnung der Eichel, drückte sie ein wenig auseinander und wischte die Flüssigkeit aus dem Loch. »Da geht aber noch mehr«, sagte sie und rieb dabei die Flüssigkeit zwischen Daumen und Zeigefinger.

Mit ihrer Rechten umschlang sie meine Brust und schmiegte sich an mich. Ich spürte ihre großen Brüste an meinem Rücken und ihren Venushügel an meiner Hüfte. Mit ganz kleinen Bewegungen rieb sie sich an mir, bevor sie mir mit der Rechten über meinen nackten Arsch streichelte. Die Hand glitt durch meine Ritze und umschloss wieder meinen Sack. In der Hand wurden meine Eier gegeneinander gerieben. Schmerz und Geilheit raubten mir den Atem und ein Japsen entglitt mir.

Ich merkte gar nicht, wie sich ein feuchter Mittelfinger in mich schob. Erst als er gegen meine Prostata drückte und in meinem Gehirn eine Explosion auslöste, merkte ich, dass etwas nicht stimmte.

»Schau mal, wie der Schwanz ausläuft. Ja, gib mir deinen Saft«, raunte sie mir ins Ohr.

Von meinem Schwanz tropfte ein dicker Faden auf den Boden. Das war mir egal, ich wollte stoßen und drückte meine Hüfte rhythmisch gegen ihren Zeige- und Mittelfinger, zwischen denen sie meinen Schwanz eingeklemmt hatte. Mit ihrem Mittelfinger drückte sie wieder meine Prostata und massierte sie. Mir kam es heftig, ohne abzuspritzen. Mein Innerstes verkrampfte sich und entlud sich mit ein paar Tropfen durch die Öffnung. Ich keuchte und stöhnte, während mich der

Mittelfinger der nächsten Welle entgegenschob.

»Na, mein geiler Ficker, da freust du dich«, sagte sie und zog kurz vor dem nächsten Abspritzer den Mittelfinger aus meinem Arsch.

Gefangen in der Welle der Geilheit, wusste ich für einen Moment nicht, wo unten und oben war. Das nutzte sie aus, um sich zwischen mich und das Regal zu quetschen. Ihre Schenkel spreizte sie so weit, dass ihre Knie von außen auf meinen Unterschenkeln ruhten. Ihr kurzes Sommerkleid rutschte bis zu ihrem Bauch und ließ mich von oben einen Blick auf ihre rasierte, nasse, rote Möse erhaschen. Dann tauchte sie Mittel- und Zeigefinger ihrer linken Hand in ihr nasses Loch und fickte sich genüsslich.

Mit der rechten griff sie meinen Hintern, schob meine Hüfte zu sich und saugte meinen Schwanz in ihren Mund. Nach ein paar harten Stößen in ihre Fotze stöhnte sie mit meinem Schwanz in ihrem Mund und drückte mir ihren Mittel- und Zeigefinger in den Arsch. Dort fanden die beiden meine Prostata. Der Druck ließ mich aufstöhnen und meinen Schwanz in ihren Rachen rammen. Sie würgte kurz, drückte dann aber ihren Mund bis auf meinen Bauch. Dann hielt sie kurz inne. Mein Schwanz zuckte wie wild und ich hatte das Gefühl, als würde ich literweise Sperma in sie pumpen.

Langsam zog sie meinen Schwanz aus ihrem Mund, doch ich hatte wieder nicht abgespritzt.

»Nicht so wild, mein Großer«, meinte sie und grinste mich von unten an. Dabei rieb sie wieder ihre Finger in mir gegeneinander und drückte unter meinem heftigen Stöhnen mehrere Tropfen aus meinem Schwanz.

Ich kam schon wieder und konnte mich kaum auf den Beinen halten. Hätte ich die blöde Kiste nicht in meiner Hand halten müssen, dann hätte ich sie direkt auf dem Boden von hinten durchgefickt. So stand ich aber mit zuckendem und auslaufendem Schwanz vor meiner Frau, die sich die dicken Titten und Nippel knetete und mich mit der anderen Hand an den Rand der Verzweiflung trieb.

»Na, mein Großer, wo willst du deinen Saft hinspritzen? Auf meine dicken Titten, meinen Mund oder lieber in meine triefende Fotze?« Mit den letzten Worten rammte sie sich wieder die Finger in ihr Loch. Ich war nicht imstande, irgendetwas zu antworten. Nicht zuletzt, weil sie mir mit sanftem Druck mein Innerstes massierte. Sie wusste das ganz genau und grinste mich frech von unten an.

»Dann blas ich dich noch ein bisschen und mache es mir, bis du dich entschieden hast«, sagte sie und schnappte mit dem Mund meinen Schwanz, den sie unter lautem Schmatzen einsaugte. Dann hämmerte sie mit klatschenden und schmatzenden Geräuschen ihre Finger in sich hinein und stöhnte lustvoll. Das Lutschen gönnte mir eine kurze Verschnaufpause. Doch nach einigen Sekunden verlor sie den Rhythmus und begann sich und mich wild mit den Fingern zu ficken. Sie kam erneut. Unter heftigem Stöhnen und Zucken ihrer Schenkel spritzte sie auf den Boden.

Nachdem sie sich erholt hatte, entließ sie meinen Schwanz aus ihrem Mund. »So, mein Großer, dann wollen wir mal sehen, wie geladen deine Eier sind«, grinste sie mich von unten an und begann, mit der nun freien Hand meinen Schwanz zu wichsen – mit langsamen und langen Zügen. Langsam steigerte sie die Geschwindigkeit. Irgendwann fickte sie mich mit der anderen Hand und ich verlor die Kontrolle. Stöhnend rammte ich meine Hüfte in ihre Hand. Sie feuerte mich mit »Oh ja, mein Hengst, fick meine Hand und spritz mir alles auf die Titten« an. Doch kontrollierte sie die Geschwindigkeit und steigerte so meine Geilheit langsam ins Unermessliche.

Gerade als ich dachte, ich halte das nicht mehr aus, rauschte die Orgasmuswelle über mich hinweg und endlich schoss ein Strahl Sperma aus mir heraus und klatschte auf Isabelles Kinn, Hals und Titten.

»Ja, ja, spritz alles aus dir heraus«, schrie sie fast und drückte die Hand bis zur Wurzel in mich, sodass mir die Luft wegblieb.

Erneut befreite mich ein weiterer Strahl von der Spannung. Er verfehlte ihr Gesicht und ging auf Hals und Titten nieder. Sie wichste meinen Schwanz unvermindert hart und rang ihm einen weiteren Spritzer ab, der auf ihren Brüsten landete. Von dort tropfte die Wichse über die Nippel auf den Boden. Doch noch war ich nicht fertig. Ein weiterer Spritzer Sperma landete auf ihren Titten.

»Ja, spritz mich voll«, feuerte sie mich an. Dann zuckte mein Schwanz heftig, aber ich spritzte nicht mehr Wichse auf ihre Titten. Nach drei Luftspritzern war auch da Schluss und meine Eier begannen zu schmerzen. Mein Schwanz war immer noch betonhart. Ich wollte einfach nur weiterficken und spritzen.

Sie zwängte sich an mir vorbei, blieb einen Moment stehen und schien mich zu betrachten. »Wenn du hier fertig bist, dann kannst du ja hochkommen und mich richtig ficken«, sagte sie und ging.

Ich trat einen Schritt nach hinten, ließ die Kiste auf die Brust gleiten und gebremst, aber mit einem lauten Knall auf den Boden fallen. Dann machte ich zwei, drei schnelle Schritte hinter ihr her. In der Tür schnappte ich ihr Kleid, hielt sie fest und umschloss dann mit beiden Händen ihre Hüfte. Mit einem Ruck riss ich sie in den Keller zurück. Dabei verlor sie das Gleichgewicht und ihr Oberkörper klappte nach vorn. Ein Schrei entwich ihr und sie versuchte, sich mit den Händen am Boden abzustützen. Ich ließ sie gebremst auf die Knie fallen und schob ihr das Kleid über den Arsch.

Die feuchte Eichel meines immer noch steifen Schwanzes presste gegen den Widerstand über dem Eingang ihrer Möse. Trotz der Nässe war sie eng. Ich konnte spüren, wie die Eichel sie Zentimeter für Zentimeter aufschob und dehnte. Ich verharrte kurz in ihr, als sie mich ganz in sich aufgenommen hatte. Dann zog ich meinen Schwanz schnell aus ihrer Möse und drückte ihn mit Kraft wieder gegen den Widerstand ihrer Fotze in sie. Das wiederholte ich mehrfach und drückte am Ende jedes Stoßes noch einmal extra gegen sie.

Sie japste jedes Mal. Ihre Geilheit ließ sie auslaufen und mit jedem Stoß wurde sie weiter. Ich war einfach nur geil und wollte sie ficken. Ich hämmerte meinen Schwanz immer schneller und härter in sie. Mein Becken klatschte gegen ihren Arsch und mein Sack versohlte ihre Kliti. Jedes Mal, wenn mein harter Schwanz in sie rammte, schlug meine Schwanzspitze gegen ihre Gebärmutter und schickte Blitze durch ihren Unterleib. Sie stöhnte heftig und wimmerte. Dann kam sie heftig. Ihre Fotze zuckte und melkte meinen Schwanz, doch der war nach der vorherigen Behandlung unempfindlich und ich konnte ohne abzulassen meinen harten Schwanz in ihr nasses Loch hämmern. Ihre Arme knickten unter der Kraft der Stöße weg und sie sank auf ihre dicken Titten.

Sie war so nass, dass es ein schmatzendes Geräusch gab, wenn ich meinen Schwanz fast ohne Widerstand in sie rammte.

Sie schnaufte und atmete heftig. »Fick mich, du geiler Hengst – fick mich, jaaah«, feuerte sie mich jetzt an. Das Tempo konnte ich nicht mehr steigern. Es war Zeit, sich zu revanchieren. Sanft drückte ich ihr den Daumen gegen die Rosette. Ein lustiger Laut entfuhr ihr und der Daumen glitt ohne Widerstand bis zur Handwurzel in sie. Mit jedem Stoß stöhnte sie laut. Ich lauschte in den Keller unseres Mietshauses. Ich war auch nicht gerade leise gewesen, aber meine Frau schrie jetzt ihre Lust besonders heraus.

»Sei nicht so laut«, herrschte ich sie an.

»Halt deinen Mund, fick mich einfach und besame deine Stute – spritz mich voll – du sollst … mich einfach … durchficken …«, japste sie mit jedem Stoß. Ich pumpte meinen Schwanz wild in sie. Es gab keinen Widerstand und mit jedem Stoß spritzte mehr Fotzensaft auf meinen Schwanz. Keine Chance. So geil wie das Ficken war, mit meinem leergesaugten Schwanz würde ich sie nicht vollspritzen.

Ich zog meinen Schwanz aus ihrer Fotze und meinen Daumen aus ihrem Arsch.

»Neiiiin, bitte, bitte …«, jammerte sie. Ich drückte sofort meinen nassen Schwanz gegen ihre Rosette und glitt bis zur Wurzel in sie.

»Uuughhh«, entglitt es ihr kehlig. Sie war eng – richtig eng. Ich begann Tempo aufzunehmen und meinen Schwanz in sie zu rammen. Sie wimmerte, jammerte und stöhnte mit jedem Stoß. Jeder Laut aus ihrer Kehle feuerte mich an. Ich würde sie jetzt richtig ficken, das schwanzgeile Luder. Ich würde sie mit meinem stahlharten Schwanz quer durch den Keller bumsen. Mir tropfte der Schweiß von der Stirn auf ihren Arsch. Sie kam wieder unter Wimmern. Ihr Körper zuckte und krampfte.

»Ja, du geile Schlampe, komm auf meinen Schwanz«, raunte ich ihr zu. Ihr Körper erschlaffte, doch ich hämmerte meinen Schwanz weiter in ihren geilen Arsch. Ich würde ihr die Seele aus dem Leib ficken. Es dauerte keine Minute und ihr Körper spannte sich erneut an.

»Bitte … spritz … mich … voll … ich kann nicht … meeehr«, bettelte sie.

»Nein, du Fickschlampe«, erwiderte ich, wohl wissend, dass sie es besonders geil fand, beim Ficken beschimpft zu werden. Sie kam und ihr Körper bäumte sich auf. *Ja, Baby, das kann ich noch Stunden*, dachte ich. Weiter kam ich nicht. Mein Schwanz zuckte heftig, mein ganzer Körper spannte sich an. *Ohh, fuck*, schoss es mir durch den Kopf, dann grub ich meine Hände in ihre Hüfte und presste meinen Schwanz so tief ich konnte in sie.

Sie schrie kurz auf, als die heiße Flüssigkeit in sie schoss und ihre Fotze krampfte ins Leere. Erschöpft sanken wir zu Boden. Nach Minuten richteten wir uns auf. Ihr Gesicht und ihre Titten waren mit einer Mischung aus Sperma und Dreck verklebt. Sie sah schlimm aus. Ich fühlte mich ein bisschen schuldig, sie so bedingungslos gebraucht zu haben.

»Danke, Schatz, dass ich dich benutzen durfte und du es mir so zurückgeben hast – danke« sagte sie grinsend.

Wehrlos im Hotel ausgeliefert

Meinen Kopf gegen die Panoramascheibe des Hotelzimmers gedrückt, stehe ich nur noch mit halterlosen Strümpfen und High Heels da. Meine Hände hat er mir mit Handschellen auf den Rücken gebunden. Unter der Kälte der Scheibe sind meine Nippel zu ihrer maximalen Größe angeschwollen und schmerzen allein von ihrer eigenen Spannung. So stehe ich nun eindeutig vor ihm: mein Hintern nackt und ihm wunderbar entgegengereckt, mein Oberkörper nach vorn gebeugt, die Arme gefesselt auf dem Rücken. Der Druck meines nach vorn gebeugten Körpers auf den an die Scheibe gepressten Kopf verbietet mir, mich aus eigener Kraft aufzurichten, und die Scheibe verhindert, dass ich tiefer gehe. Diese Hilflosigkeit hilft mir, meine Konzentration ganz und gar auf den Genuss zu fokussieren.

»Perfekt«, ist sein ganzer Kommentar bei dem Anblick. Sein Mund ist an meinem Hals. Er saugt, küsst und leckt ihn. Es scheint eine direkte Verbindung von meinem Hals zu meinem

Schritt zugeben. Jede seiner Berührungen spüre ich zwischen meinen Beinen. Nichts von der Verbindung ahnend, schickt er zur Sicherheit seine Hände dorthin. Mit kräftigen Fingern streichelt er durch meine nassen, offenen Schamlippen. Zwei Finger dringen sogar einige Zentimeter in mich ein. Von der Scheibe vor meinem Gesicht höre ich das Echo meines eigenen Stöhnens. Hemmungslos presse ich meinen Schritt gegen seine Hand. Meine Hände würden gern fordernd durch den Stoff seiner Hose greifen und seinen steifen Schwanz reiben. Könnte ich, wie ich wollte, würde ich vor ihm auf die Knie sinken und seinen Schwanz befreien, um ihn in meinen Mund aufzunehmen. Aber ich kann nicht.

»Komm her, ich will deinen Schwanz blasen, spritz mir alles in meinen Hals.«

Noch vor einer halben Stunde hätte ich angewidert aufgeschrien bei der Vorstellung, Sperma zu schlucken. Nun stöhne ich lüstern und lautstark, finde den Gedanken sogar geil. Mit dem Richtigen ist wohl alles schön.

»Nein, mein Engel. Ich finde genau das wunderbar, dass du mir ausgeliefert bist und nicht wegkannst. Und wenn ich nicht irre, gefällt es dir auch.«

Hinter mir höre ich ihn in seiner Reisetasche wühlen. Nur Sekunden später ist er wieder bei mir. Er bedeckt meinen nackten Hintern mit heißen Küssen. Wild und ungestüm küsst, saugt und beißt er meine prallen Rundungen. Es macht mich wahnsinnig vor Lust, wie er dabei meine Backen mit seinen Händen auseinanderzieht und auch die Spalte dazwischen nicht verschont. Mit meinen Händen versuche ich, ihn an den Haaren zu packen und für immer dort festzuhalten. Doch ich bekomme ihn nicht richtig zufassen. Ich zerfließe in meiner Geilheit und bin ganz in mir. Dass er aufgehört hat merke ich erst, als er an meinen gefesselten Armen zieht. Sofort will ich mich zu ihm umdrehen, doch er hält mich fest und spreizt meine Beine weit.

Mir ist natürlich klar, wofür meine Situation perfekt ist. Ein unerwarteter Schmerz belehrt mich eines Besseren. Ich spanne meinen Körper an und drücke meinen Kopf von der Scheibe, um ihn zu sehen. Mit lüsternem Blick und einer Gerte in der Hand steht er schräg hinter mir. Mit seiner freien Hand hält er seinen harten Schwanz, den er aus der geöffneten Hose gezogen hat. Mit dieser Rute hatte ich eigentlich gerechnet. Sie zeigt genau in meine Richtung. »Komm ...«, stöhne ich bei dem Anblick.

Er lässt mich noch einmal die Gerte und nicht seine Rute spüren. Nicht fest, aber deutlich. Dann fährt er mit der Spitze der Gerte zwischen meine Beine, zieht den schwarzen Lederstab durch meine Lippen. Gerade als ich mich daran erfreuen will, ist es schon wieder vorbei. Ein neuer Schlag landet auf meinem Hintern – wieder einer links, einer rechts – und dann einmal durch die Mitte. Links, rechts, Mitte – in dem Takt hagelt es Schläge und die Unterbrechung treibt mich zu lautem Stöhnen.

Ich weiß nicht, wie oft das Leder durch meinen Spalt gerutscht ist, als ich keuchend fordere: »Schneller«. Er lässt sich immer viel zu viel Zeit. In schneller Folge macht er nun weiter. Die Hitze meiner Arschbacken fließt in meine Fotze und lässt die Lippen bis zum Platzen anschwellen. Die Gerte massiert den prallen Kitzler, der meine Fotze ihren Saft pumpen lässt. Dann gleitet sie durch das freigelegte Loch und verteilt meinen Mösensaft über meine Spalte und meinen Anus.

Von meiner Geilheit angespornt, nehme ich alle Kraft zusammen und verrenke mich erneut, um ihn zu sehen. Bei dem Anblick lecke ich mir unbewusst über die Lippen. Er hält in jeder Hand eine Rute. Die eine reibt er und mit der anderen treibt er.

Der Anblick und das Wissen, dass es ihn genauso geil macht, steigern meine Lust noch mal deutlich. Ich bin so heiß, dass ich glaube, nur durch die Stimulation der Gerte zum Höhepunkt zu kommen. Plötzlich wirft er die Gerte auf den Boden, stellt sich hinter mich und stößt in einem Zug bis zum Anschlag in mich.

»Jaaahh …«, begrüße ich den Eindringling. Er packt mich an den Unterarmen und hält sich daran fest. Schnell nimmt er Fahrt auf. Mit kräftigen, tiefen – manchmal sehr tiefen – Stößen dringt er in mich ein. Ich stöhne laut und merke, wie mir alles entgleitet. Mein Kopf klopft in seinem Takt mit der Stirn gegen die Scheibe. Doch das ist mir egal, ich spüre es kaum. Meine Fotze zuckt heftig und krampft um seinen harten Schwanz. Ich komme und schreie dabei so laut, dass er mir erschrocken den Mund zuhält. Kurz wird mir dabei bewusst, dass die Schlipsträger in den anderen Zimmern sich bei meinem Gestöhne einen runterholen. Der Gedanke an viele harte Schwänze spornt mich noch mehr an.

Kaum bin ich wieder auf Zimmerlautstärke, packt er mich an den Hüften. Fest krallen sich seine Finger in mein Fleisch und ziehen mich ihm entgegen, damit er mich noch besser auframmen kann. Schon nach wenigen Stößen der prallen heißen Eichel in mein Loch merke ich, wie die Welle der Geilheit sich in mir aufbaut. Ich stöhne heftig. Ihn scheint es anzutreiben. Begeistert, mit nicht nachlassender Kraft rammt er weiter in mich und treibt mich mit Hieben auf meinen blanken Arsch an wie einen Gaul. Auch mir gefällt's – mein Stöhnen wird nun wieder lauter.

Er stöhnt jetzt ebenfalls mit jedem Stoß. Er klingt wie ein wildes Tier – und bewegt sich auch so. Ich kann und will ihm den Mund nicht zuhalten. Sollen alle hören, wie der Hengst seine Fickstute dehnt und weitet. Meine Fotze ist um seinen zum Bersten geschwollenen Schwanz gespannt. Ich kann fühlen, wie sich seine Eichel durch mein Fotzenfleisch schiebt, das sich sofort auf seinen harten Schwanz presst und die Adern an seinem Prügel heraustreten lässt. Sein Schwanz pulsiert. Er ist kurz davor, sich zu entladen. Es reißt mich einfach mit. Ich höre ihn laut schreien und spüre, wie sein heißes Sperma in mich schießt. Dann zuckt meine Fotze, schickt Blitze in meinen Körper, die sich in meiner Kehle in einem lauten Schrei entladen.

Er zieht mich an meinen gefesselten Armen an sich und nimmt mich zärtlich in den Arm. Sein Schwanz rutscht langsam aus mir heraus. Wir atmen im Einklang und Wärme durchflutet meinen Körper, die sich schlagartig in Hitze wandelt, als sein Sperma langsam meine Schenkel herunterrinnt. Ich will mehr – mehr Schmerz und mehr Schwanz. Ich lasse mich zu Boden gleiten und strecke ihm meinen Arsch entgegen.

»Deine verdammte Fickstute braucht ihren Hengst.«

Der Hengst

Die Verhandlungen über die Warenlieferung für das folgende Jahr waren einvernehmlich verlaufen, sodass der vorbereitete Vertrag ohne große Änderungen unterzeichnet werden konnte. Meine Geschäftspartnerin, Frau Berger, lud mich im Anschluss zu einem Mittagessen in ihre Wohnung ein, die über den Büroräumen lag. Sie hatte vom Firmen-Caterer bunten Salat mit Dorade kommen lassen. Dazu gab es einen Fumé.

Wir saßen auf der Terrasse unter einem weiten Sonnensegel und genossen die warme Frühlingssonne. Frau Berger war eine attraktive Enddreißigerin mit einer fraulichen Figur, langen Beinen, runden Hüften und tollen natürlichen, großen Brüsten. Samtige dunkelbraune lange Haare umrahmten ihr hübsches Gesicht. Sie trug einen schlichten schwarzen Pencilskirt und eine auf Taille geschnittene weiße Bluse. Rote hohe Pumps und ein ebenso roter Kaschmirschal, den sie locker um den Hals geschlungen trug, rundeten das schlichte, aber elegante Erscheinungsbild ab.

Ganz ungewohnt lenkte sie die Unterhaltung auf Sportfahrzeuge. Sie war ganz in ihrem Element. Ich musterte sie unauffällig, als sie aufstand und in die Küche ging. Mein Blick fuhr ihre langen Beine entlang, vorbei an den Knien zu den Oberschenkeln, über den flachen Bauch zu ihren runden Brüsten, die in einem weißen Spitzen-BH steckten – so weit ich das durch die Bluse erkennen konnte.

Ich stellte mir vor, sie zu berühren, sie zu küssen, an ihren Brüsten zu lecken. *Lass die Gedanken sein*, ermahnte ich mich.

»Möchten Sie noch ein bisschen Wein?«, rief sie mir aus der Küche zu. Ich nahm die Flasche vom Tisch und schaute auf den Füllstand – so viel hatten wir nicht getrunken. Gerade als ich etwas erwidern wollte, schaute sie aus der großen Schiebetür auf die Terrasse.

»Noch etwas Wein?«, wiederholte sie ihre Frage.

Ja, gern, wollte ich sagen, aber ich konnte plötzlich nicht mehr sprechen. Sie hatte ihren Schal ausgezogen, der ihr Dekolleté verhüllt hatte, welches die weit geöffnete Bluse nun freigab. Zwischen ihren Brüsten lag verspielt ein Herz an einer silbernen Kette. Ihre Haare wehten leicht. Die vollen Lippen formten ein Lächeln, sie hatte kleine süße Grübchen. Ihre Augen musterten mich.

»Möchtest du vielleicht ein Glas Rotwein?«, fragte sie. Ihr Blick verweilte auf meiner Körpermitte. Ich merkte, wie mein Glied anschwoll. *Wie peinlich*, dachte ich. Mein Herz pochte mir bis zu Hals und meine Ohren waren heiß. Sie trug keinen BH mehr. Da war ich mir sicher, denn die Brustwarzen pressten sich in den Stoff ihrer Bluse. Genauso, wie jetzt mein Schwanz gegen die Hose presste.

»Komm«, sagte sie, beugte sich vor und lehnte sich mit dem Brustbein und den Händen vor ihrem Bauch gegen die Schiebetür. Ihr Kopf und eine Brust waren im Freien. Die andere im Wohnzimmer. Beide drückten sich in die Bluse, sodass der Stoff zum Bersten gespannt war. Sie streckte mir eine Hand entgegen.

Ich gab einen Ton von mir, der ein Ja bedeuten sollte.

»Lass uns in die Küche gehen, da kannst du dir was aussuchen. Ich brauche jetzt was Starkes«, meinte sie und deutete hinter sich.

Wenn du jetzt aufstehst, dann sitzt du in der Falle, dachte ich und wusste nicht, wie recht ich haben sollte. Trotzdem hörte ich meinen Stuhl über die Fliesen rutschen.

Wir gingen hinein. Die Küche lag neben dem Wohnzimmer. Frau Berger stellte zwei Gläser auf die Theke und bückte sich zum Weinregal auf der gegenüberliegenden Seite. Ich hatte freie Sicht auf ihren strammen runden Hintern. Mein Blut kochte. Dann fiel mein Blick auf ihre Beine. Sie trug keine Strumpfhose mehr.

»Ist alles okay, Etienne?«, fragte sie mich lächelnd.

Oh … ich musste sie minutenlang angestarrt haben. Ich nickte. Ihr Lächeln bezauberte mich. Sie schenkte uns Rotwein ein. Wir stießen an und ich nahm sehr langsam einen Schluck, um wieder einen klaren Gedanken fassen zu können.

»Gefalle ich dir?«, fragte sie und lächelte.

»Ich … äh …«, stammelte ich und suchte nach Worten.

Sie unterbrach mich: »Etienne …« und zeigte auf meinen Schritt. Ich schaute an mir herunter. Oh nein! Die Beule war nicht zu übersehen.

Sie kam einen Schritt auf mich zu, nahm mir das Glas aus der Hand und stellte es auf die Theke. Sie duftete so wunderbar nach Isabey – Fleur Nocturne. Dann legte sie ihre Hände rechts und links auf meine Hüfte und kam ganz nah.

»Es ist nicht zu übersehen«, sagte sie und lächelte. Sie öffnete meine Hose, hakte ihre Daumen in den Hosenbund und zog ihn mir ein Stück herunter. Ich hielt die Luft an. Mein Schwanz sprang ihr entgegen und meine Eichel tippte gegen ihren Bauchnabel. »Ein Schwanz wie ein Hengst«, hauchte sie mir ins Ohr.

Bei dem Wort Hengst fühlte ich mich geschmeichelt.

»Zieh dein Hemd aus«, sagte sie bestimmend. Ich gehorchte. In schneller Abfolge flogen mein Jackett, die Krawatte und das Hemd auf die Fliesen. Sie zog den Reißverschluss ihres Rockes herunter und ließ ihn auf den Boden gleiten. Darunter trug sie nichts außer einem schmalen Streifen Haar über ihrer glatt rasierten Spalte. Geschickt öffnete sie ihre Bluse und befreite ihre großen festen Brüste. Vorsichtig legte ich meine Hände an ihr Becken. Ihre Haut war so weich. Sie ließ ihr Becken kreisen und streichelte so mit ihrem Bauch meine Eichel. Ihre rosafarbenen harten Nippel berührten meine Brust. Ich schloss die Augen und versuchte, wenigstens etwas die Kontrolle zurückzuerlangen.

»Setz dich da drüben auf den Stuhl«, flüsterte sie und schob mich in die Richtung. Halb hoppelnd, halb stolpernd bewegte ich mich rückwärts zu dem groben Bauernholzstuhl. Dieser stand vor einem Wandgitter, an dem allerlei antike Küchenutensilien hingen.

Mit der Anzughose, die mir in die Knie gerutscht war, setzte ich mich auf den Stuhl. Sie beugte sich vor und griff nach meinen Händen, die sie an ihre Brüste legte. Ich wog ihre großen Brüste darin. Diese weiche Haut zu spüren, war ein wunderbares Gefühl. Sie nahm meinen Schwanz in die Hand und rieb ganz sanft. Dann kam sie mit ihren Lippen ganz nah an meine.

»Kannst du es noch zurückhalten?«, fragte sie leise. Ich nickte schnell. Daraufhin griff sie in einen Kupfertopf oberhalb meines Kopfes und zauberte zwei Kordeln hervor. Sie gab mir einen zarten Kuss mit geschlossenen Lippen. Dann nahm sie meine rechte Hand, führte sie nach rechts hinten zum Gitter und band sie dort mit der einen Kordel fest. Dasselbe wiederholte sie mit der anderen Hand auf der linken Seite. Schließlich stieg sie auf die breiten Armlehnen und stand breitbeinig über mir. »Leck meine Fotze«, sagte sie energisch. Ich musste meinen Kopf recken, um ihre nasse Möse zu erreichen. Ich leckte ihre Ritze entlang und saugte mich an ihrer Klitoris fest, um sie in meinem Mund mit der Zunge zu bearbeiten. Die feuchte Möse duftete betörend und die Situation geilte mich auf.

»Ja, genauso«, seufze sie, ging etwas in die Hocke und drückte ihren Schoß auf meinen Mund. Ich leckte und saugte und merkte, wie sie noch feuchter wurde. Sie rieb ihre Möse über meinen Mund und drückte sich immer fester auf ihn. Ich bekam fast keine Luft mehr und leckte an ihrer Klitoris wie von Sinnen. Sie stöhnte lauter und schneller. Ihr Becken begann zu zucken und sie hechelte, bis sie sich wieder beruhigt hatte. Dann entließ sie meine Zunge aus ihrem nassen Loch.

Nun ging sie ganz in die Hocke und ihre Fotze öffnete sich weit zwischen den gespreizten Beinen. Sie ließ mich kurz den geilen Anblick ihres roten nassen Loches zwischen den feuchten prallen Lippen genießen, bevor sie mir abwechselnd ihre Brüste auf den Mund presste. Mit den Lippen zog ich an ihren Brustwarzen, während meine Zunge sie umspielte. Ich war so erregt und so ausgeliefert mit meinen gefesselten Händen. Mein Schwanz war so nass, dass er tropfte.

Sie stieg vom Stuhl, stellte sich mit dem Rücken vor mich und brachte meinen Schwanz in Position. Meine Eichel berührte ihre Schamlippen. Ich war angespannt, als wäre mein ganzer Körper ein einziger Muskel. Sie senkte ihre feuchte Fotze auf meinen Prügel. Meine Eichel pflügte durch ihr Innerstes und schob sie auf. Ich stöhnte, bis ihr draller Arsch auf meinem Bauch ruhte. Ihre Hitze floss über meinen Schwanz in meinen Körper. Langsam hob sie ihren Hintern an und ließ sich wieder auf meinem zum Bersten angeschwollenen Schwanz nieder. Erneut spürte ich, wie ich sie auseinanderschob.

Immer schneller hob und senkte ihren Arsch. Sie fing an zu stöhnen und begann, ihre Brüste zu kneten. Ihre Fotze presste sich auf meinen Schwanz und massierte ihn noch intensiver. Ich konnte es nicht mehr zurückhalten. Mein Beckenmuskel begann zu zucken und die ganze Erregung entlud sich. Mein Sperma schoss meinen Schwanz hinauf und ergoss sich pulsierend in ihre nasse Fotze. Ich stöhnte laut auf und zitterte am ganzen Körper. Sie stoppte in der Bewegung. Nachdem ich aufgehört hatte, in sie zu spritzen, hob sie ihr Becken und mein Schwanz glitt aus ihr heraus. Aus ihrer Spalte tropfte Sperma auf den Stuhl und meine Eier.

Sie gab mir einen Kuss auf die Stirn und strich mir mit ihrer Hand über die Haare. »Ich bin noch richtig geil. Ich hoffe, du schaffst noch eine Runde.« In meinem Zustand absoluter Glückseligkeit konnte ich mir nicht vorstellen, was sie unter noch einer Runde meinte. Sie nahm ein Küchentuch vom Tresen und säuberte ihren Schritt. Dann kam sie wieder zu mir, nahm meinen von ihrem Saft und meinem Sperma nassen Schwanz zwischen Daumen und Zeigefinger und rieb ihn hin und her. *Will sie jetzt sofort weitermachen?*, schoss es mir durch den Kopf.

Sie drehte sich wieder um, reckte mir ihren Hintern ins Gesicht und spreizte mit den Händen ihre Pobacken auseinander. »Leck mich«, befahl sie. Ich gehorchte und ließ meine Zunge von ihren Schamlippen bis über ihr Poloch sausen. Schnell leckte ich über ihre Rosette. Ihr Poloch begann zu zucken. Ich hörte sie lauter stöhnen. Sie beugte sich weiter vor und ich leckte durch ihre Schamlippen. Sie griff zwischen ihren Beinen hindurch und massierte meinen Schwanz. Jedes Mal, wenn sie die Vorhaut über meine Eichel zog, zuckte ein leichter Schmerz durch meinen Schwanz, so sensibel war meine Eichel nach dem letzten Orgasmus.

Sie ging leicht in die Hocke und ich spürte, wie meine Eichel ihr Poloch berührte. Bevor ich etwas erwidern konnte, drückte ihr Gewicht die Eichel durch ihre Rosette. Ein kurzer heftiger Schmerz zuckte durch meinen Schwanz, der sich unter dem Druck ihres Körpers bog, bevor ihre Rosette dem Druck nachgab. Mit einem Plopp rutschte meine Eichel bis zur Wurzel in ihren Arsch. Es war unglaublich eng. Sie bewegte sich langsam auf und ab. Die sensible Eichel schmerzte, trotzdem machte sich ein Gefühl der Erregung in mir breit. Sie rammte sich ihren Arsch auf meinen Schwanz, stöhnte lauter und lauter. Dann begann sie, wieder ihre Titten zu massieren. Wahrscheinlich knetete sie ihre harten Nippel.

Ich bewunderte ihren schönen Rücken, der mir einem leicht feuchten Film überzogen schien. Ich schaute ihrem Hintern zu, der sich rhythmisch auf und ab bewegte und mit den Pobacken auf meine Hüfte klatschte. Kleine Wellen rannen über ihren Po. Ich spürte, wie sich meine Hoden zusammenzogen, stöhnte laut und pumpte meine Ladung heißen Spermas in ihren Arsch. Sie ritt mich weiter, als würde es kein Morgen geben. Auf und ab ging ihr Becken. Meine Erektion blieb, doch mein Glied schmerzte. Ich zitterte am ganzen Körper. Ihre Fotze begann heftig zu zucken und sie schrie laut. Jede ihrer unkontrollierten Auf- und Abbewegungen schmerzte höllisch. Ihre Bewegungen wurden langsamer, dann ließ sie meinen Schwanz aus ihrem Arsch gleiten. Sperma tropfte aus ihr auf meinen Schwanz und Sack.

Sie drehte sich um, ordnete ihre zerzauste Haarmähne und strich mir zärtlich über die Wange. Dann kniete sie sich vor mich und strahlte mich an. Sie rieb mit ihren Handflächen über meine Oberschenkel und betrachtete die Spermapfützen zwischen meinen Beinen.

»Wie fühlst du dich, mein Hengst?«, fragt sie. Was sollte ich sagen außer »gut«. Ich war schließlich zweimal hintereinander gekommen, auch wenn mein Schwanz schmerzte.

Sie strich mit ihren Handflächen über meine Brust und meine Hüfte. Dabei beugte sie sich gerade so weit vor, dass ihre Nippel meinen Oberschenkel berührten. Mit ganz leichten Bewegungen streifte sie ihre Brüste über meine Oberschenkel. Ich bekam eine Gänsehaut. Sie nahm den mit Sperma verschmierten Schwanz mit spitzen Fingern auf. »Kannst du noch mal?«, fragte sie und schob schelmisch lächelnd »... mein Hengst« hinterher.

Noch mal? Mein Schwanz schmerzte, mir lief der Schweiß den Rücken herunter und eigentlich wollte ich eine Pause. Doch – so von ihr begehrt zu werden, war geil. Und ich war schließlich ihr Hengst. Ich konnte doch jetzt nicht schlappmachen, redete ich mir gut zu. Doch statt eines festen »JA« bekam ich nur ein belegtes, leise gehauchtes »Ja« zustande.

Sie grinste mich an, ihre Hände umschlossen meine Hüfte und sie zog mich nach vorn auf die Stuhlkante. Mein Po, der jetzt mit ihrem Saft und meinem Sperma verschmiert war, balancierte auf der Kante. Langsam rieb sie mit der einen Hand mein Glied, mit der anderen hielt sie meine Hoden eng umschlossen und massierte sie mit leichtem Druck. Ihre langen Fingernägel waren wie Krallen, die sich in die Haut gruben. Ich hielt ganz still. Sie schob ihre Lippen über meine Eichel und nahm mein Glied in ihren Mund. Feuchte Hitze floss meinen halb erregten Schwanz hinunter. Sie saugte mein Sperma in sich.

Ein berauschendes Gefühl überkam mich. Ja, ich war ein Hengst. Mit den Zähnen bearbeite sie meine Eichel und zwischen Schmerz und Lust hin- und hergerissen stöhnte ich laut. Mein Schwanz wurde ganz hart und meine Eichel schmerzte vor Spannung. Sie öffnete leicht die Hand um meine Hoden und schob ihren Zeigefinger über mein Schambein, bis er auf mein Poloch drückte. Sie saugte mit ihrem Mund an meiner Eichel und ein stechender Schmerz fuhr in meinen Schwanz. Noch bevor ich aufstöhnen konnte, drang ihr Finger in meinen Po ein. Ich schrie vor Schmerz, Schreck und Geilheit auf. Mein Glied fing an zu pochen.

Mein Sack rutschte aus ihrer Hand, während sie zusätzlich ihren Mittelfinger in mich schob. Der zweiten Finger drückte mir ein kehliges Stöhnen aus dem Rachen. Ich versuchte mich zu winden. Doch das Gitter war massiv und bewegte sich keinen Millimeter. Meine hinter den Stuhlbeinen eingehakten Füße und die heruntergelassene Hose verhinderten jede größere Bewegung. Ihre Finger massierten gekonnt meine Prostata. Ich hatte das Gefühl, eine riesige Ladung Sperma auf sie zu spritzen. Doch lediglich einige Tröpfchen rannen aus dem Spalt meiner Eichel. Ich schrie, stöhnte und wand mich. Ich wollte, dass es aufhörte, ich wollte abspritzen. Nein, ich wollte es nicht. Mir rann der Schweiß den Rücken herunter. Wieder pumpte mein Schwanz wie verrückt. Ich war wie im Delirium und sie hielt mich gekonnt mit zwei Fingern dort.

»Komm, spritz ab«, drang ihre bestimmende Stimme an mein Ohr. Dabei umschlossen ihre Finger meinen Schwanz fester und sie wichste mich schnell und hart. »Jetzt, du geiler Hengst, SPRITZ AB!«, schrie sie und ich kam. Ein paar Tropfen rannen aus meiner Eichel und liefen über ihre Finger. Ich stöhnte laut und fickte ihre Hand. Dann rollte eine erneute Welle über mich und ein kräftiger Stoß Sperma spritzte unter lautem Schreien aus mir heraus.

Sie zog ihren Finger aus meinem Po. »Du bist so ausdauernd«, schmeichelte sie mir, wischte sich einen Spritzer von ihrem harten Nippel und leckte mein Sperma ab. Sie war so heiß. Obwohl ich erneut heftig gekommen war, drohte ich an meiner Geilheit zu ersticken. Ich atmete heftig ein und aus, um mich zu beruhigen.

»Jetzt wollen wir deine Erektion mal halten«, sagte sie. Ich schaute auf meinen halb schlaffen Schwanz, den sie schon wieder fest in der rechten Hand hielt, und fragte mich, welche Erektion sie meinte. Mit dem Zeigefinger der anderen Hand kreiste sie auf der Eichelspitze. Wie programmiert fickte ich bei jeder Berührung mit meinem Becken in die Luft. Dann zog sie die Vorhaut herunter und legte Zeige- und Mittelfinger unter den Rand meiner Eichel. Mit kleinen Bewegungen ließ sie den Schwanz zwischen den Fingern hin und her geleiten. Unter leichtem Druck massierten ihre Fingerknöchel den unteren Rand der Eichel. Es war nur der Hauch einer Berührung. Doch ich spürte nur noch meinen Schwanz, der direkt mit meinem Hirn verbunden zu sein schien. Dort staute sich das Gefühl und mit jeder Berührung wurde es intensiver. Ich wollte sie bitten aufzuhören, doch als ich den Mund öffnete, verdrehte ich meine Augen und schrie: »Scheiße …« Der Rest ging in einem lang gezogenen Stöhnen unter. Als ich die Augen wieder öffnete, starrte ich ungläubig auf eine harte Erektion. Meine dicke Eichel leuchtete dunkel und schmerzte von der ganzen Zuwendung, die sie erhalten hatte.

Sie erhob sich und ging wieder zur Theke. Nein sie schwebte auf ihren feuerroten Pumps durch die Küche. Ich atmete heftig und genoss die Pause. Auch wenn ich beim Anblick ihres geilen Arsches nur daran denken konnte, sie zu ficken. Ficken schien mein einziger Gedanke zu sein. Nein, ich war ficken. Sie hantierte hinter der Theke mit etwas. Ihre großen Brüste hingen etwas vor ihrem Oberkörper und wackelten leicht.

FICKEN, FICKEN, schrie mein Hirn. Sie kam zurück und hielt ein Stück glänzende, ölgetränkte Kordel in der Hand, welche man zum Binden von Braten verwendet. Mit geschickten schnellen Bewegungen legte sie die Kordel um meinen Schaft, dann um die Hoden, machte eine Schlaufe und zog kräftig zu. Ich schrie auf. Sie legte ihren Zeigefinger auf ihre Lippen. Ich verstummte. Mit dem Rest Öl in ihrer Hand ölte sie mein Glied ein. Ich spürte nur noch die Erektion.

»Magst du meine Brüste?«, fragte sie, auch wenn es mehr wie eine Feststellung klang. Ohne meine Antwort abzuwarten, legte sie mein öliges Glied zwischen ihre Brüste und drückte sie mit den Händen zusammen. Dann begann sie, ihre Brüste auf und ab zu bewegen. Mein Schwanz flutschte zwischen ihren Titten hindurch. Ich sah, wie meine Eichel zwischen diesen perfekten runden Dingern verschwand und sich wieder empordrückte. Wieder und wieder rauschte die tiefrot und dick geschwollene Eichel zwischen ihren dicken Titten hindurch. Es war so geil, ihr dabei zuzusehen. Ich konnte es nicht fassen. Mein Schwanz zuckte erneut. Die Welle der Geilheit schwappte gegen den Schmerz an. Immer wieder rollte sie darauf zu. Ich wusste, wer die Oberhand gewinnen würde. Mir schnürte es die Luft ab. Ich schrie gegen das Gefühl an und dann zerriss es meinen Schwanz. Ich spritzte lediglich einen glasklaren Strahl auf ihre Brüste und ihren Hals – auch wenn ich das Gefühl hatte, meinen ganzen Sack auf sie zu spritzen. Sie lächelte glückselig.

»Bitte mach mich jetzt los«, hechelte ich immer noch außer Atem.

Wieder legte sie ihren Zeigefinger auf ihren Mund. »Etienne, das geht nicht. Wir sind doch noch nicht fertig«, sagte sie leise, aber bestimmend. Sie stand auf, drehte sich um und ging. Bevor sie die Küche verließ, sagte sie über ihre Schulter: »Ich mach mich etwas frisch und dann habe ich eine Überraschung für dich.«

Mein Glied stand, weil es nicht anders konnte. *Noch mal schaffe ich nicht,* dachte ich. Auch schmerzte die Kordel an meinem Schwanz und an meinen Handgelenken. Ich versuchte, wenigstens meine Beine zu befreien. Doch mehr als ein leises Knacken und Reißen der Hosennaht brachte ich nicht zustande.

Sie kam zurück. Ihre Haare waren streng zu einem Pferdeschwanz gebunden, ihre Brüste hatte sie vom Sperma befreit. In der rechten Hand hielt sie einen schmalen metallischen Stab, der etwas dünner als ein Strohhalm war. An einem Ende war er abgerundet. Das andere Ende zierte eine Verdickung, aus der sich ein Kabel schlängelte, das in einem Handregler verschwand. Sie kniete sich vor mich und fragte lächelnd: »Wie geht es meinem Hengst?« Ich war nur auf den Stab fokussiert, denn das Kabel machte mir Angst.

Was soll das hier werden?, zermarterte ich mir den Kopf – so lange, bis sie meinen Schwanz in die Hand nahm und rieb. Ich schrie.

»Na, na, na, mein Großer. Ganz ruhig«, flüsterte sie, während sie mir einen Zeigefinger auf den Mund drückte. Mit der anderen Hand umschloss sie mein Glied und drückte mit Daumen und Zeigefinger die Eichel zusammen. Die Harnröhre öffnete sich leicht und sie leckte mit ihrer Zungenspitze darüber. Ich erschauerte vor Erregung und Angst, sodass meine Beine zitterten. Sie nahm den Stab in die Hand, leckte das dünne Ende feucht und legte es auf die Öffnung meiner Eichel. Ich atmete panisch ein und aus. Sie schaute mir fest in meine aufgerissenen Augen und drückte den Stab meine Harnröhre hinunter. Ich presste alle Luft aus mir und hielt den Atem an. Nach ein paar Zentimetern stoppte sie. Mein Schwanz brannte höllisch unter der Dehnung. Ich presste ein »Bitte ...« heraus. Weiter kam ich nicht, denn sie drehte den Schalter und der Stab begann zu vibrieren.

Mir blieb erneut die Luft weg. Ich hyperventilierte. Sie lächelte mich freudig erregt an und bewegte den vibrierenden Stab leicht auf und ab. Mein ganzer Körper spannte sich an und zitterte. Ich stöhnte vor Panik und Geilheit aus meinem weit aufgerissenen Mund. Meine Hände zogen mit aller Kraft an den Stricken. Wie elektrisiert krampfte mein Körper und ich schob ihr meinen Schwanz entgegen. Ich war mir sicher, nicht mehr abspritzen zu können. Panik stieg in mir hoch, ich könnte in dieser Geilheit gefangen bleiben. Ich stöhnte und zitterte vor Anstrengung am ganzen Körper. Ich brabbelte wirres Zeug vor mich hin.

Währenddessen führte sie ungerührt mit einer Hand den Stab, während sie mit der anderen unaufhörlich an meinem Glied rieb. Meine Geilheit schnürte mir die Luft ab. Ich röchelte. Ganz weit weg spürte ich meinen nächsten Orgasmus. Ich konzentrierte mich ganz auf ihn. Sehr langsam wurde das Gefühl stärker und stärker.

Dann traf mich der Orgasmus mit voller Wucht. Ich spürte, wie sich riesige Mengen Sperma unter dem Stab stauten und den Schwanz von innen aufdrückten. Ich schrie auf und begann mich am ganzen Körper zu winden. Sie bewegte den Stab unaufhörlich weiter. Doch nur wenige ganz kleine Tröpfchen Sperma rannen mit der Aufwärtsbewegung aus mir. Es war ein heftiger Orgasmus mit angezogener Handbremse. Langsam nahm sie Tempo aus der Bewegung und zog dann den Stab aus mir heraus. Ich stöhnte und keuchte vor mich hin.

»Wow, ruhig, mein Hengst«, sagte sie. Ich hechelte vor Erschöpfung. »So weit ist bisher noch keiner gekommen«, setzte sie hinterher. »Ich war mir nicht sicher, aber du bist ein geiler Deckhengst«, kommentierte sie mit ernster und anerkennender Mine.

Noch keiner gekommen – geiler Deckhengst?

Sie stand auf, griff in den Korb über mir und holte eine Schere hervor. Leichte Panik stieg in mir auf und mein Körper krampfte erneut.

»Halt still«, sagte sie mit beruhigender Stimme. Mein Herz raste trotzdem, als sie sich über meinen Schritt beugte. Mit einer Hand drückte sie mein immer noch erregtes Glied zur Seite und schnitt die Kordel durch. Sie grinste mich schelmisch an. Ich starrte sie perplex an. Dann lachte sie und konnte sich kaum halten.

Meine Erektion ging zurück und mein Glied war ganz rot und pochte. Ich rang nach Luft. Sie hörte auf zu lachen, nahm meinen Kopf in den Arm und küsste mich zart auf die Haare. Sie hielt mich ganz sanft, bis ich mich beruhigt hatte. »Kannst Du noch mal? … mein Hengst«, fragte sie mit gespielter Boshaftigkeit.

Sie band meine Hände los und zog mir Schuhe und Hose aus. Dann half sie mir auf die Beine, die mein Gewicht noch nicht richtig tragen mochten. Sie schlang ihre Arme um meine Hüfte und führte mich ins Badezimmer. Ein Ende wurde von einer riesigen Duschkabine dominiert. Wir stellten uns in die Kabine, besser gesagt ich lehnte mich an die Wand und ließ das warme Wasser über mich laufen. Sie schäumte mich mit einem Tuch ein und wusch mich von oben bis unten. Dabei nahm sie mich immer wieder in den Arm und drückte mich sanft an sich. Nachdem Duschen ging es mir schon besser. Wir zogen uns an. In der Küche bekam ich Kaffee und Kuchen. Darüber hinaus wurde ich mit Zärtlichkeit überhäuft. Sie ließ sich auch nicht davon abbringen, mich von einem ihrer Angestellten nach Hause fahren zu lassen. Ich hatte das Gefühl, dass ihrem neuen Spielzeug nichts passieren sollte. Solange sie es so gut behandelte, hatte ich nichts dagegen, ihr Hengst zu sein.

Leidenschaftlicher Rastplatz

Ich mag Autofahren, was von Vorteil ist, da ich im Außendienst bin. Am liebsten fahre ich schnurgerade Autobahnen. Ich kann dabei meinen Gedanken freien Lauf lassen und über dies und das nachdenken. Selbstverständlich konzentriere ich mich dabei auf den Verkehr.

Manchmal denke ich auch an den letzten Fick oder wie ich ihn am Abend nehmen werde. Wie sich sein Schwanz in mich drückt und langsam dehnt. Das Brummen des Motors und das Rütteln auf dem unebenen Fahrbahnuntergrund, die meinen Körper vibrieren lassen, sind herrlich. Durch das monotone beständige Wackeln wird alles gut durchblutet, bis meine Schamlippen anschwellen und gegen mein Höschen drücken. Dann wird das Herunterschalten zum Überholen zur Pflicht. Wenn die Schenkel die geschwollenen dicken Lippen zwischen sich reiben, mein Muskel sich anspannt und entspannt. Wenn der Slip auf meinen glatt rasierten Lippen klebt, dann ist es so weit. Dann brauche ich eine Pause von der Fahrt und steuere einen Rastplatz an.

Ich schiebe den Rock über meine Hüfte nach oben und meinen Slip zwischen die Füße. Mit dem Mittelfinger reibe ich meinen Kitzler unter der Hautfalte. Drücke ihn ein bisschen mehr gegen die Perle. Meine nasse Möse öffnet sich und die Lippen schmiegen sich gegen das Leder des Sitzes.

Autos fahren an mir vorbei. Jemand könnte mich in meinem

Saft sitzen sehen. Das jagt mir einen Schauer über den Rücken. Ich atme schwer und ergebe mich meiner Geilheit. Rhythmisch ziehe ich meine Möse zusammen und spüre, wie ich auf den Sitz auslaufe. Mein Kitzler schwillt an und drückt sich aus der Hautfalte. Steht steil empor und duckt sich unter meinem Finger weg. Der lässt nicht locker. Setzt dem Ausreißer nach. Jedes Zusammentreffen schickt gleichzeitig Impulse durch meinen Körper, die mein Gehirn betäuben. Ich atme schwer, ringe nach Luft, um wieder einen klaren Gedanken zu fassen. Doch meine eigenen Geräusche reißen mich weiter in die Tiefe des Strudels meiner Geilheit. Zwei Finger meiner anderen Hand bahnen sich den Weg in mein nasses Loch. Zwischen dem Ring- und Mittelfinger der anderen Hand zerreibe ich meine Knospe. Ich bin gnadenlos. Doch ich bekomme sie nicht richtig zu fassen. Immer wieder glitscht der nasse Zapfen zwischen ihnen durch. Verdammt. Meine anderen Finger dringen nicht tief genug in mich ein. Mit jedem Stoß rutscht mein Becken Richtung Armaturenbrett und trotzdem reicht es nicht. Ich will mehr. Ich will es tiefer. Ich will es dicker.

Ein kurzer Blick durch die Scheibe – kein Reisender in Sicht. Die Pumps verschwinden im Fußraum und meine beiden hübschen Füße tauchen auf dem Armaturenbrett auf. Ich spreize meine Beine, so weit es geht. Ring-, Mittel- und Zeigefinger gleiten mit meiner Hand hinab, teilen meine Schamlippen, erst die äußeren, dann die kleinen inneren, und tauchen ein in die Feuchtigkeit dazwischen. Richtig glitschig ist meine Möse.

Wie sie sich schmatzend in mich senken, bis die Handfläche sie stoppt. Mit dem Becken komme ich meinen Fingern noch ein wenig mehr entgegen, recke mich zu diesen Lustspendern. Mein Kügelchen setzt sich zur Wehr und schwillt weiter unter dem Massieren, Reiben, Drücken und Kneten an. Ich röchle und jammere unter der Qual, nicht seinen harten, dicken

Schwanz in mir zu haben. So gern würde ich mich von ihm ganz tief innen berühren lassen – so erbarmungslos und hart.

Ich werfe einen Blick durch das Seitenfenster. Meiner Kehle entfährt ein Schrei. Keine Menschenseele auf diesem Teil des Parkplatzes. Schneller werden die Bewegungen, die meine beiden Hände machen. Ich stöhne laut. Verdammt, ich muss etwas in mir drin haben, aber egal wie hart meine Finger in mich fahren, es füllt mich nicht aus ist mir nicht genug. Mein Stöhnen geht in ein Jammern über.

Meine Finger werden fahrig. Ich bin verärgert über die Unterbrechung und ramme mir die Finger umso fester durch meinen nassen, heißen Muskel. Das zufriedene Schmatzen meiner Möse treibt mich in den Wahnsinn. Ich kann nur noch an den Schwanz denken – wie er mich ausfüllt, wie er mich stößt, schneller und schneller. Ich ficke mich. Stöhne. Mein Becken zuckt und meine Möse spannt sich an. Mein Muskel presst sich an die Finger, die ihn vögeln. Das feuchte Schmatzen, wenn sie in die Nässe tauchen. Mein Kitzler zuckt, ich hechle, ich rieche den Geruch meiner nassen Möse. Mein Becken fickt die Finger und ich schreie.

Erschöpft sinke ich in den Sitz. Lasse meine Beine wieder in den Fußraum gleiten. Ich atme schwer und langsam kann ich wieder einen klaren Gedanken fassen. Meine Rechte öffnet das Handschuhfach und zieht Desinfektionstücher hervor. Nüchternheit will sich in die wohlige Wärme fressen. Ich lasse das nicht zu. Wische sie beiseite und meine Säfte von mir und dem Leder.

Der Motor heult auf und brummt wieder unter mir. Selig gleite ich im Wagen auf die Autobahn.

Niemals mit dem Kollegen!

Es war ein wunderschöner Abend mit einem vorzüglichen Essen. Ich habe mich sehr über Marks Einladung zum Abendessen gefreut. Er ist ein attraktiver, selbstbewusster und höflicher Mann, dem alle Frauen in der Firma zu Füßen liegen. Mark zeigte bisher kein Interesse an mir, jedenfalls nicht über das übliche Maß an Austausch von Höflichkeiten hinaus. Das war mir genug Ansporn, mich bei jeder Gelegenheit und in jeder Hinsicht von meiner besten Seite zu zeigen. Ich wollte seine volle Aufmerksamkeit.

Nach und nach verabschieden sich die anderen Gäste und Mark bittet mich, noch einen Augenblick zu bleiben. Nach einem letzten Glas Champagner fordert er mich zum Tanzen auf.

Wir schweben durch sein riesengroßes Wohnzimmer. Er riecht so gut und hält mich so fest in seinen Armen. Mark streichelt über meinen Rücken. Bestimmt testet er, ob ich einen BH trage. Ich fühle, dass sich meine Brustwarzen aufrichten. Ich lasse es zu, dass er mich näher an sich zieht. Seine rechte Hand gleitet nun über das Rückenteil meines Bustierkleides zur linken Körperseite. Er dreht mich um die eigene Achse und stoppt mich mit seiner Hand, wobei sein Handballen gegen das Körbchen des Kleides drückt. Ich spüre seinen Körper, die Hitze … und den Druck seines Handballens.

Immer wenn wir einen Drehschritt machen, berührt sein vorderer Beckenbereich meinen. Meine Gedanken überschlagen sich. *Du hast alles unter Kontrolle*, sage ich zu mir selbst. Mein Becken und mein Oberschenkel prallen gegen etwas Hartes. Ich drehe mich und das Gefühl des Zusammenpralls hallt nach. Es muss etwas Großes und Dickes sein. Eine sanfte Wärme zieht in meinen Bauch. Mein Herz pocht in meinem Brustkorb bis zum Hals. Ich habe das Gefühl, Mark müsste es fühlen, hören. Mein Gesicht glüht. Dieser verflixte Alkohol. Wir tanzen über den Korridor. Er streicht wie zufällig mit seinen Lippen über meine Wange. Diese Zärtlichkeit saugt mich in das Hier und Jetzt. Mein Nacken kribbelt. Das Kribbeln zieht über die Schulterblätter bis in meine Nippel. Er berührt meine Mundwinkel. Ich will den Kopf drehen, doch die Muskeln versagen ihren Dienst. Ich lasse es geschehen.

Das Spiel mit dem Feuer ist aufregend. *Du wirst nicht zulassen, dass er dich küsst. Nein, das wirst du nicht*, sage ich mir entschlossen. Seine geöffneten Lippen berühren meine. Ich halte die Lippen geschlossen. Seine feuchte Zungenspitze berührt den Spalt meiner Lippen. Ich fühle mich ein wenig schuldig, so hart zu ihm zu sein. Meine Lippen werden von einer unbekannten Kraft langsam auseinandergeschoben und seine Zunge dringt in mich. *Es ist nur ein Freundschaftskuss. Kein Problem, du hast alles unter Kontrolle*, flüstert die Stimme in meinem Kopf. Ein Schauer läuft mir über den Rücken, als sich unsere Zungenspitzen berühren, und lässt mich am ganzen Körper erzittern. Wir tanzen durch den Flur, bis er plötzlich stehen bleibt.

»Nein!«, sage ich bestimmt und erschrecke selbst über den harten Tonfall in meiner Stimme. Er streichelt mit der Handaußenseite meine Wange. Ich ärgere mich über mich selbst, weil ich viel zu heftig reagiert habe. Wenn er Grenzen überschreitet, dann werde ich ihn sachlich und nüchtern in seine Schranken weisen. Ihm erklären, dass so etwas unter Kollegen nicht geht.

Seine Hand fährt an meinem Rücken entlang. Die Finger geleiten langsam den Reißverschluss hinauf und spielen mit dem Zipper wie mit einem Glöckchen. Meine Haut bitzelt und die Muskeln vibrieren. Ich warte drauf, dass gleich wieder ein Zittern durch meinen Körper rauscht. Das Geräusch des Aufspringens der Zähne des Reißverschlusses ist ohrenbetäubend laut. Mein Atem geht schwer, meine Brüste heben und senken sich langsam und reiben gegen den Stoff, der sich immer weniger um meine Rundungen spannt.

Aufhören kannst du ja schließlich immer noch, hallt es in

meinem Kopf. Da schiebt sich ein Gedanke in den Vordergrund. *Die schöne Wäsche wird Mark bestimmt gut gefallen. Jetzt hast du die Chance, sie ihm zu zeigen.* Mein Entschluss überrascht mich selbst. *Ich zeige eben mal so meine nackten Brüste und mein Spitzenhöschen?*, frage ich mich und liefere gleichzeitig die Antwort.

Es ist ja nichts dabei, wenn er den Reißverschluss nach unten zieht. Wie im Sommer oben ohne am Strand. Du willst doch auch sehen, wie er reagiert. Wie in Zeitlupe rutscht mein Kleid an meinem Körper nach unten. Seine Hände gleiten über meinen Rücken an meine Flanken. Mit ausgestreckten Armen hält er mich fest.

»Du bist wunderschön, Luisa.« Vorsichtig ertastet er die harte Brustwarze.

Nein, das macht er nicht. Ich lasse es nicht zu!, schreie ich in Gedanken. Er umfasst mit seiner rechten Hand meine linke Brust, drückt den harten Nippel zwischen Daumen und Finger. *Noch passiert ja nichts Schlimmes*, rede ich mir ein. Ich zittere vor Aufregung. Zu spät. Er zieht den Nippel ganz sanft in die Länge. Die Spitze formt sich zu einem dunkelroten Trichter. Ein Seufzer entfährt mir, als ein süßer Schmerz mich zusammenzucken lässt. *Ja, das ist die Strafe, dass du nicht konsequent warst*, flüstert es in meinem Kopf. Er knetet die Brust und drückt sie von unten nach oben, indem er den Nippel fest umschlossen nach oben schiebt.

Mir ist heiß. Wenn er doch die andere nur auch so malträtieren würde … nur so … zur Strafe … Ich weiche ihm ein wenig aus und versuche, ihm meine Brust zu entziehen. Doch der Griff ist fest. Seine andere Hand hebt sich. *Ja, … ja er tut's*, sporne ich mich an. Er greift fest in das Fleisch meiner Brust. Ich muss mich zusammenreißen, um nicht zu stöhnen.

Bring ihn noch ein wenig zum Kochen, dann zieh die Reißleine. Schön, dass ich so eine Wirkung auf dich habe. Komm nur, ich werde noch ein bisschen mit dir spielen … Ich werde dich zum Wahnsinn treiben … Du hast es so gewollt, sagt die Stimme in meinem Kopf.

Er knöpft sein Hemd auf und legt seinen mächtigen Brustkorb frei. Ich kann noch einen Blick auf seinen flachen Bauch erhaschen, bevor seine warme weiche Haut meine Möpse berührt. Er greift in meine prallen festen Pobacken und zieht mich an sich. Mein Bauch drückt sich gegen seinen harten Schwanz. Mein Körper wird erneut von einem Zittern unter der Haut geschüttelt. Welch ein herrliches Gefühl, alles unter Kontrolle zu haben. Er drückt mich sanft in Richtung des Bettes. Ich entwinde mich seiner Umklammerung.

»Nein! … ich kann das nicht, es geht nicht …«

»Warum nicht?«

Ich bekomme kein Wort über die Lippen und schüttle einfach den Kopf.

»Du wirst es mögen, wart's ab«, sagt er grinsend. Dieses Grinsen – meine Beine werden weich. Er nimmt mich auf die Arme und hebt mich aufs Bett. Er beugt sich über mich und küsst mein Dekolleté. *Ja. Schau dir meine geilen Möpse an.* Sein harter Schwanz drückt sich gegen meine Hüfte. Ich spüre sein Pulsieren. Mein Bauch, meine Möse sind in Aufruhr. Er zieht seine Hose aus und legt sich neben mich. Er streichelt meinen Venushügel am Rand des Spitzenhöschens.

»Du hast schöne Unterwäsche an«, kommentiert er sein Tun.

»Findest du?«, frage ich nach, denn ich will mehr davon hören.

»Ja, du bist wunderhübsch«, erwidert er und der Strumpfhalter schnallt zurück. Sein Daumen fährt über meinen Bauch und unter den Höschenbund.

Als er versucht, mir das Höschen herunterzuziehen, drücke ich seine Hand weg. Wenn ich ihn gewähren lasse, sieht er, wie nass ich bin.

»Komm schon, sei fair. Ich will nicht der einzige ohne Hose sein«, flüstert er mir zu, bevor sich sein Mund auf meinen schmiegt. Ich öffne die Lippen und seine Zunge dringt in mich ein.

Kurz darauf liege ich nackt neben ihm. Mein ganzer Körper öffnet sich für ihn. Er streichelt mit den Fingerspitzen über die Innenseite meiner Schenkel. Meine Möse ist tropfnass und heiß. Ich öffne leicht die Beine. Dieses Gefühl! Ich will mehr davon. Er wird die Grenze nicht überschreiten, er weiß, was ich will. Ganz langsam bewegen sich seine Finger hin und her, gleiten immer höher und rutschen versehentlich zwischen meine Schamlippen.

Das wollte er bestimmt nicht absichtlich. Das tut er nicht. Gleich nimmt er sie wieder zurück, schießen die Gedanken durch meinen Kopf.

Nichts. Sein Mittelfinger ruht am Eingang zu meinem feuchten Loch. Seine Finger geleiten weiter. Ich bin für einen kurzen Augenblick erleichtert, bis seine Finger über meine Kliti fahren und ein Beben in mir auslösen. Ich öffne reflexartig meine Beine, nur ein wenig, und er schiebt sein rechtes Knie zwischen meines. Ich versuche, die Beine zusammenzudrücken, aber es geht nicht. Sein Bein liegt zwischen meinen. Ich spüre sein steifes Glied. Sehr groß und so gewaltig. Er zwängt sich mit dem anderen Bein ebenfalls zwischen meine Schenkel.

»Winkle deine Beine an«, sagt er leise, aber bestimmt. Ich bin wie gelähmt. Ich weiß nicht, was ich tun soll. Ich will … Ich brauche einen Schwanz, aber nicht den meines gut aussehenden Kollegen.

Er greift mit beiden Händen an meine Brüste und drückt sie zusammen. Meine harten Nippel recken sich ihm entgegen.

»Winkle die Beine an«, wiederholt er und mein Schoß öffnet sich.

Warum stehst du nicht einfach auf und gehst?, frage ich mich. Seine dicke, heiße Eichel drückt sanft zwischen meine Schamlippen und gegen meinen Muskel.

»Nein, nein, bitte«, stammle ich. Er lässt seine Eichel zwischen meinen Schamlippen auf und ab gleiten. Ich merke mit jedem Reiben, wie ich den Verstand verliere. Das will ich nicht. Ich habe die Kontrolle. Nur ich. Meine Beine liegen eng an seinem Körper an, drücken immer fester gegen ihn. Ich werde den Eingang so eng zusammendrücken, dass er nicht eindringen kann. Seine Zunge gleitet wieder in meinen Mund und seine warmen, weichen Lippen pressen sich sanft auf meine.

Dieses angenehme Gefühl von Geborgenheit lässt jeden Widerstand schwinden. Meine Schenkel lockern ihren Druck und krampfen ruckartig zusammen, als ich seine Eichel erneut gegen meinen Muskel drücken spüre. Ruhig legt er seine rechte Hand um meinen Hals, sodass die Handfläche auf der Vorderseite liegt. Seine Zunge spielt mit meiner. Die Finger seiner linken Hand kneten den Nippel meiner rechten Titte. Ich werde die Knie zusammengepresst halten. Seine Hand drückt sanft, aber mit Nachdruck gegen meinen Hals. Die Eichel ruht zwischen meinen nassen Lippen und drückt gegen die Kraft des Muskels. Ich versuche, durch die Nase zu atmen, da mein Mund durch seinen Kuss versperrt ist. Es gelingt mir nicht richtig, weil die Atemwege durch die Hand auf meinem Hals eingeschränkt sind. Meine Finger krallen sich in seinen Rücken. Ich kann nicht atmen. Die Konzentration schwindet, ich kann keinen klaren Gedanken fassen, will mich öffnen, alles in mich einsaugen. Meine Schenkel folgen dem Gedanken. Sofort löst sich seine Hand von meinem Hals. Seine Eichel reibt über meine Klit. Ich versteife mich instinktiv, presse meine Schenkel erneut zusammen und seine Hand erhöht wieder den Druck. Ich spüre seinen Willen, seine Stärke, die er mir entgegensetzt, wenn ich etwas tue, was er nicht will. Ich genieße es, mit sanfter Gewalt genommen zu werden.

Nimm mich, mach, was du willst mit mir, denke ich und ziehe die Knie zu meinem Oberkörper. Ich spüre, wie ich auslaufe. Er nimmt den Druck von seiner Eichel und reibt sie durch meine offene und nasse Möse. Intensiv lässt er seinen harten Schwanz durch ihre Lippen gleiten, ohne in mich einzudringen. Er umspielt meine geschwollene Klit weiter. Seine Berührungen werden immer durchdringender. Ich kann mich nicht zurückhalten und stöhne meine Anspannung heraus. Ich spüre das Zucken in meinen Oberschenkeln, in meinen Bauchmuskeln und in meiner tropfenden Möse.

Ich merke, wie ich innerlich gierig danach strebe, dass mich der Schwanz nimmt. Ich kann es kaum erwarten. Ich habe immer noch ein wenig Angst, nein Panik. Was wird dieser Prachtschwanz wohl in mir anrichten? Aber eigentlich ist es mir egal. Ich kann es kaum erwarten, endlich seinen Schwanz zu spüren. Er ist über mir. Mit einem furchterregenden Gesichtsausdruck und mit einem abschätzigen Lächeln. Ich bin ihm voll und ganz ausgeliefert. So richtig realisiere ich es erst jetzt. Er macht mit mir, was er will. Meine Wünsche spielen hier keine Rolle. Aber wenn ich ehrlich bin, ist es das Beste, was ich bisher erlebt habe.

Seine heiße Eichel presst gegen meinen Eingang und drückt meinen Muskel auf. Ich halte die Luft an. Langsam pflügt sein dicker Schwanz durch meine Fotze. Mühsam versuche ich, meine Atmung zu kontrollieren. Er ist überraschend fair und gibt mir immer wieder die Gelegenheit, mich an die unbekannte Dehnung zu gewöhnen. Dabei sieht er die ganze Zeit in meine Augen. Nach unglaublich langer Zeit ist er in mir. Groß und mächtig steckt der riesige Schwanz in mir und dehnt mich, wie ich es noch nicht erlebt habe. Noch nie hatte ich etwas derart Gewaltiges in mir. Meine prallen Schamlippen schließen sich angespannt um seinen dicken Kolben. Grob umfasst er mein Kinn und küsst mich. Seine Zunge nimmt sich den Raum, den sie braucht.

Ich ringe nach Luft, als er meinen Mund endlich freigibt. Mein Körper steht unter Spannung. Ich will, dass es endlich losgeht. Langsam beginnt er, sich in mir zu bewegen. Ich spüre einen leichten Schmerz, aber der ist verbunden mit einer ungekannten Lust. Ich reiße die Augen weit auf und stöhne laut. Seine Stöße werden erst schneller, dann härter. Ich will ihn, ich brauche ihn. Ich schreie meine Lust heraus, was Mark nur weiter anspornt. Eine Hitzewelle schwappt aus meiner Fotze über mich hinweg. Ich beginne zu zittern. Mark hat das bemerkt, er macht jetzt langsamer. Ich schreie ihm entgegen: »Fick mich!« Warum rammelt er mich nicht weiter so animalisch wie eben? Ich will ihm zurufen: Mach schon, fick mich, ich brauche das.

»Die kleine Fotze kann es tatsächlich nicht erwarten. Solltest du etwa geil sein und Erlösung brauchen? Das kleine Miststück, das mich über Wochen heißgemacht hat. Du Fickstück bist so unfassbar eng. Und diese geilen Strümpfe und Pumps machen mich verrückt. Und jetzt drehst du dich um, damit ich dir den Verstand herausficken kann.«

Er schlägt mir hart auf den Po, was ich mit einem Aufstöhnen beantworte. Der dicke Schwanz zieht sich aus mir zurück und ich brauche einen Moment, um die Leere in mir zu verarbeiten. Das bringt mir einen zweiten Schlag auf den Po ein. Schnell begebe ich mich in Position und sofort spüre ich wieder die mächtige Dehnung. Ich freue mich, dass die Leere, die sein Schwanz hinterlassen hat, schnell wieder beendet wird. Seine Stöße sind nun hart und schnell. Meine Titten schaukeln unter der Energie ihrer Bewegungen. Er fickt mir den Verstand heraus. Ich bin völlig außer mir, stöhne und keuche. Ich kann mich kaum abstützen. Seine Stöße werden fest, beinahe brutal. Der große Schwanz, die harten Stöße schieben mich über die Klippe. Ich werde von einem Orgasmus gepackt, mein Körper verkrampft und ich stöhne laut. Immer weiter hämmert Mark seinen harten dicken Schwanz in mich hinein. Ein Feuerwerk nach dem anderen zündet vor meinen geschlossenen Augen. Ich keuche, schnaube, röchle vor mich hin.

Abrupt zieht er seinen Schwanz mit einem laut schmatzenden Geräusch aus meiner triefenden und zuckenden Fotze. Ich schreie vor Schreck auf. Er packt mich an den Haaren und zerrt mich aus dem Bett. Ich lande unsanft auf den Knien. Ich bekomme keinen Ton heraus und starre auf den harten nassen Schwanz vor meinem Gesicht.

»Blasen«, ist die knappe Anweisung von Mark. Ich bin mir nicht ganz sicher, wie ich mit dem riesigen Schwanz umgehen soll. Ich greife den Kolben und wichse ihn vorsichtig, um Zeit zu gewinnen – wohl wissend, dass er etwas anderes verlangt hat. Ich lecke ihn über die gesamte Länge und küsse die pralle Spitze. Plötzlich entreißt er ihn mir und schlägt mir den Schwanz ins Gesicht.

»Das kannst du besser. Noch mal.«

Erschrocken schaue ich ihn aus großen Augen an. Fest greife ich den Schwanz an der Wurzel und nehme die Eichel in meinen Mund auf. Ein erstes Stöhnen aus Marks Mund motiviert mich.

»Viel besser, du geiles Miststück. Schau mich dabei an. Ich will sehen, wie geil du bist.«

Er lässt mich gewähren und ich freue mich über diese Bestätigung. Meine Augen suchen seine und ich kann die Gier in ihnen sehen. Ich merke, wie es mich aufgeilt, ihn zu treiben. Immer wieder lasse ich ihn aus meiner feuchten Mundhöhle heraus und bearbeitete Eichel und Kolben mit Zunge, Lippen und Zähnen. Der Mistkerl soll nun sehen, was ich kann, und sein Stöhnen belohnt mich. Er packt mich an den Haaren und biegt meinen Kopf nach hinten. Ich öffne meinen Mund weit.

Sofort stößt er tief in meine Kehle und hält meine Haare weiter schmerzhaft fest. Sein harter, geiler Schwanz fickt mich tiefer, als ich es je erlebt habe. Ich muss leicht würgen, aber das interessiert ihn nicht, er hat mich fest im Griff und stößt in seinem Rhythmus so tief es geht in mich hinein. Ich halte seine Hand mit beiden Händen fest und versuche, Druck von meinen Haaren zunehmen. Dann reißt er plötzlich meinen Kopf weiter nach hinten, zieht seinen Schwanz aus meinem Mund heraus und spritzt über mir ab. Ins Gesicht, auf die Brüste, über den Bauch … Sein Sperma tropft überall an mir herunter. An der Unterlippe sind Tropfen … Es fließt langsam über meine Titte bis zum Nippel, wo es zäh nach unten tropft und auf den Boden fällt. Er hält weiter meinen Kopf nach hinten und genießt den Anblick, während ich zitternd versuche, zu Atem zu kommen. Schließlich lässt er mich los und setzt sich gemütlich aufs Sofa gegenüber des Bettes.

»Wenn du willst, dann darfst du es dir jetzt selbst machen. Aber so, dass ich alles sehen kann«, sagt er grinsend.

Ich bin fassungslos, aber zugleich so geil, dass ich keinerlei Hemmungen mehr habe. Auf dem Rücken liegend spreize ich meine Beine weit und öffne meine Schamlippen, damit er alles sehen kann. Während die eine Hand meine nasse Fotze hart fickt, gehe ich mit der anderen Hand nach unten und reibe meine geschwollene Kliti. Mein ganzer Körper ist in Aufruhr. Voll gespritzt und benutzt vor ihm zu liegen und mich selbst zu ficken, während ich auf seinen halbschlaffen Riesenschwanz schaue, von dem Sperma auf den Boden tropft! Ich bin eine geile, willenlose Fickschlampe. Ich lasse mich gehen, während er auf mein nasses, geschwollenes und gedehntes Loch starrt. Meine Fotze beginnt zu zucken und der Druck wird unerträglich. Ich schreie animalisch unter kehligem Stöhnen: »Ja, ja, ja«. Nach kurzer Zeit bäume ich mich auf und stoße meine Fotze auf die Finger. Die ganze Zeit lässt er mich nicht aus den Augen.

Langsam beruhige ich mich. Er zieht mich vom Boden auf das Sofa und gibt mir einen Kuss auf den Kopf. Während ich mich völlig erschöpft an seine Brust lehne, umarmt er mich. Sein warmer Körper, sein ruhiger Atem und seine Hände geben mir das Gefühl von wunderbarer Geborgenheit. Ich seufze beruhigt. Und ich fühle mich unbeschreiblich gut, obwohl er mich beleidigt, auf den Po geschlagen und sich ohne Rücksicht genommen hat, was er wollte. Wenn ich ehrlich bin, hat mich die Art und Weise, wie er mit mir umgegangen ist, erregt. Er lächelt mich freundlich an. Aus seinem Lächeln wird ein Grinsen und ich erkenne, dass alles nur ein Spiel war.

Der gierige Weihnachtsmann

Kurz vor Weihnachten wurde es immer noch einmal hektisch im Büro. Luisa nannte es Jahresendrallye. Sie saß im New Yorker Büro und wartete auf ein Dokument, welches sie bis 19 Uhr prüfen sollte. Der Kurier war schon eine halbe Stunde überfällig. Wut und Frustration baute sich in Luisa auf. Eine halbe Stunde, die sie nicht hatte. Kurzerhand schnappte sie ihr Mobiltelefon und ging zu den Aufzügen, um in die Lobby zu fahren und den Umschlag persönlich entgegenzunehmen. Nicht dass der noch eine halbe Stunde an der Lobby lag, bevor man sie informierte. Die Aufzüge schienen sich auch gegen sie verschworen zu haben. Nach einer gefühlten Ewigkeit hielt ein Lift und brachte Luisa in die Lobby dreißig Stockwerke tiefer.

Mit schnellen Schritten hastete sie Richtung Empfang. Laut hallten die Absätze ihrer High Heels auf dem Marmor.

Die Dame am Empfang drehte erschrocken den Kopf. »Der Kurier ist noch nicht gekommen«, kam es wie aus der Pistole geschossen. Zufrieden nahm Luisa zur Kenntnis, dass der Einlauf, denn sie der Tante gegeben hatte, Wirkung zeigte. Bevor Luisa etwas entgegnen konnte, wurde eine der Seitentüren neben den Drehtüren aufgerissen und ein eisiger Wind wehte herein, der einen Fahrradkurier mit seinem Fahrrad in die Lobby schob. Der eilte an die Theke, öffnete seine Messengerbag und knallte einen eingeschweißten Umschlag auf den Tresen. Die Empfangsdame zeichnete den Empfang ab und hielt Luisa den Umschlag hin. Die beschimpfte den Kurier für seine Unfähigkeit, Unpünktlichkeit und Unhöflichkeit.

Zufrieden klemmte sie sich den Umschlag unter den Arm und wollte zurück ins Büro, als sie noch einmal auf den Adressaufkleber schaute. »Halt!«, schrie Luisa und rannte, so schnell sie die Pumps trugen, Richtung Ausgang. Die Tür fiel mit einem Scheppern ins Schloss. Sie riss die Tür auf und der eisige nasskalte Wind schlug ihr ins Gesicht. »Stopp, Stopp!«, schrie sie gegen die beißende Kälte an, die ihr fast den Atem raubte. Der Kurier drehte sich im Aufsteigen um und hielt inne. Luisa wedelte wie wild mit dem Umschlag und stakste dem Kurier wie ein Storch zwischen den Schneematschpfützen entgegen. Sie platzte fast vor Wut über so viel Stümperei, doch aufgrund des Wetters tauschte sie die Umschläge schnell ohne viel Aufheben. Mit dem richtigen rannte sie zurück zum Gebäude. Sie fror, die Haut unter der dünnen Bluse brannte und ihre Brustwarzen bohrten sich durch den Stoff. Die vorbeilaufenden Passanten starten sie an. Bei dem Wetter nur mit Bluse und Rock bekleidet auf die Straße zu gehen, war schon etwas verrückt.

Kurz vor dem Gebäude wurde sie angerempelt. Sie rutschte und strauchelte, fing sich kurz, um dann doch den Halt zu verlieren. Sie landete der Länge nach im Schneematschhaufen an der Gehsteigkante und rollte sich geistesgegenwärtig zurück auf den Gehweg. Ein Passant erbarmte sich und half ihr auf die Beine. Sie hatte sich nicht verletzt, trotzdem tat ihr alles weh. In der Lobby schaute sie an sich herunter. Die Bluse war klatschnass und mit dunklen Flecken gesprenkelt. Die konnten nicht verhindern, dass sie mehr oder minder den Blick auf ihren BH freigab. Der Rock war auch nass und die Strumpfhose an den Knien zerrissen. Luisa hätte heulen können vor Wut.

Oben angekommen ging sie in ihr Büro und versuchte, sich auf den Text zu konzentrieren. Sie hatte insgesamt eine Stunde verloren. Die Empfangsdame hatte zum Glück eine Reinigung aufgetan, die ihre Kleidung reinigen würde. So saß sie, bekleidet mit ihrem Wintermantel und Strümpfen, die sie seit dem Sommer als Ersatz in der Tasche mit sich trug, an ihrem Schreibtisch. Mit jeder Bewegung streichelte der Pelz des Innenfutters über ihren Körper. Sie konnte das Gefühl nicht einordnen. Es war ungewohnt, angenehm, kitzelnd und irgendwie anregend. Ungewöhnlich schnell arbeitete sich Luisa durch den Text.

Mit der Zeit wurde ihr warm und sie brauchte etwas zu trinken. Sie ging zur Kaffeeküche. Der Pelz streichelte mit jedem Schritt über ihre Haut. Das sanfte Streicheln der Haare über ihren nackten Hintern machte sie ganz verrückt. Ihre Brustwarzen richteten sich auf und rieben durch den Pelz. Sie grüßte einige Kollegen auf dem Flur und in der Kaffeeküche. Das prickelnde Gefühl, unter dem Mantel splitterfasernackt zu sein, heizte sie weiter an. Sie kostete jede Sekunde aus, sich so verrucht und verwegen im Büro zu bewegen. Mit einer Flasche Wasser und Kaffee kehrte sie in ihr Büro zurück.

Als sie sich wieder auf den Stuhl setzte, merkte sie, wie sie der Ausflug in die Kaffeeküche angemacht hatte. Sie war feucht und ihr war warm. Die Beine übereinandergeschlagen, saß sie auf einer Pobacke, denn sie wollte ihre feuchte Spalte nicht in den Pelz drücken. Der Mantel rutschte ihr über die Oberschenkel und gab den Blick auf das helle Fleisch oberhalb des Strumpfbandes frei. Sie öffnete den oberen Knopf des Mantels. Ihre Brüste drängten ins Freie und formten ein ausladendes Dekolleté – sehr üppig für das Büro und aus dem Grund auch aufregend.

Luisa bearbeitete den Text weiter. Einige Textpassagen benötigten ihre volle Aufmerksamkeit, sodass sie immer mehr in den Text gesogen wurde. Nach weiteren neunzig Minuten war sie geistig völlig ausgelaugt. Ein paar ihrer Änderungsvorschläge müsste sie noch überarbeiten, aber das würde nur noch ein paar Minuten in Anspruch nehmen. Ein Blick auf die Uhr zeigte ihr, dass sie den Zeitverlust durch ihr Malheur wieder hereingeholt hatte. Allerdings müsste sie auch noch ein Weilchen in ihrem Wintermantel aushalten, bis die Reinigung ihre Bluse und ihren Rock lieferte.

Luisa ging zur Toilette und hoffte, keinem Kollegen zu begegnen. Es war doch etwas anderes, kurz in der Kaffeeküche vorbeizuschauen und so zu tun, als würde man gerade ins Büro kommen, als im Wintermantel zur Toilette zu gehen. Als die Tür der Kabine hinter ihr ins Schloss fiel, atmete sie durch. Nur mit Strapsen und Pumps bekleidet auf der Toilette zu sitzen und sich dem Druck der Blase hinzugeben, war ein eigenartiges Gefühl. Entspannend und geil zu gleich.

Wieder im Büro telefonierte sie mit der Lobby und die Dame am Empfang versicherte ihr, dass sie mit der Reinigung in Kontakt sei und Luisa sofort informieren werde, wenn ihre Kleider fertig seien. Luisa drehte ihren Stuhl in Richtung des bodentiefen Fensters, ließ sich nach hinten sinken und starrte auf die beleuchtete Stadt. Gedankenverloren streichelte sie über ihren Oberschenkel und über das Strumpfband. Sie war geil und bräuchte eigentlich einen Schwanz. Aber es gab ja keine Männer, die sich an eine erfolgreiche Frau herantrauten. Sie ließ den Stuhl zum Schreibtisch drehen und rief ein paar Dokumente am Bildschirm auf. Die übrigen Büros den Gang hinunter schienen alle dunkel. »Mit der Arbeitseinstellung wird das nichts mit der Karriere«, dachte sie.

Nach ein paar Minuten wurde ihre Bürotür geöffnet. »Hohoho«, rief ein Mann. Er war über zwei Meter groß und wirkte trotz weißgrauer Mähne und Rauschebart jung. »Merry Christmas – Santa is coming to town«, brummte er mit sonorer Stimme. Luisa starte den Hünen irritiert an. Er trug keine rote Hose, keinen Mantel und auch keine Mütze. Er sah mehr aus wie Santa, der bei Macy's in der Designer-Abteilung eingekauft hat. Er trug rot-braune enge Flanellhosen, einen roten Kaschmir-Pulli und einen langen Mantel mit rot-braunen und roten Karos, die farblich zur Hose, dem Pulli und dem langen Schal um seinen Hals passten. In der Hand hielt er einen schwarzen Lederrucksack.

»Was wollen Sie«, herrschte Luisa die Gestalt an, als sie sich wieder gefasst hatte. Doch der selbst ernannte Santa saß schon auf der Kante ihres Schreibtisches.

»Luisa, so freundlich, wie dich die ganze Welt kennt. Ich dachte, ich statte dir einen vorweihnachtlichen Besuch ab«, sagte der Fremde und zog ein schweres, in Leder gebundenes Buch aus dem Rucksack. Luisa war sprachlos und wunderte sich. Der Rucksack hatte eben noch locker über der Schulter des Hünen gebaumelt, obwohl das Buch fünf oder sechs Kilo wiegen musste.

Der Fremde lächelte freundlich und knallte das Buch auf die Schreibtischplatte neben sich. Luisa erschrak und schrie vor Schreck über den ohrenbetäubenden Knall.

»Was erlauben sie sich!«, schrie sie und war über ihre Lautstärke selbst erschrocken. Santa beugte den Oberkörper ganz langsam nach vorn, stützte ihn mit dem Unterarm an seinem Oberschenkel ab. Sein Gesicht war nur wenige Zentimeter von Luisas entfernt.

Ohne eine Regung sprach er: »Du führst dich hier auf wie eine Furie und drangsalierst deine Mitmenschen, Luisa. Das werde ich nicht länger dulden.« Sein Oberkörper schnellte nach oben und drehte sich zu der aufgeschlagenen Seite in seinem Buch. Er las und brummelte in seinen Bart. »Keine Freunde, … unbeliebt, … ungeliebt, … ungefickt. Das ist aber noch lange kein Grund.«

Luisa hatte sich wieder gefasst. Sie sprang auf und wollte zur Tür, um den ungebetenen Gast hinauszuwerfen. Doch der schob mit dem Fuß den Rollcontainer nach vorn und sie flog geradewegs mit dem Bauch über seinen rechten Oberschenkel. Mit der rechten Pranke packte er ihr Genick und hielt sie fest. Sie versuchte, sich zu befreien. Doch sie klebte förmlich an seinem Oberschenkel. Nur ihr Mantel öffnete sich dabei und rutschte über ihren Hintern.

»Nur weil ich kein rotes Kostüm trage und keine Rute dabeihabe, heißt das noch lange nicht, das du deiner Strafe entgehst. Dein Verhalten ist durch nichts zu entschuldigen – auch nicht dadurch, dass dein Hormonspiegel vor 421 Tagen und 3 Stunden das letzte Mal von dem Versager Richard auf ein normales Maß gebracht wurde«, hörte Luisa die tiefe und scharfe Stimme. Ein Schauer lief ihr über den Rücken. Sie hatte Angst, richtige Angst.

Woher weiß der Typ das mit Richard? Den kennt niemand hier in der Firma, dachte Luisa.

Sie hörte zuerst den lauten Knall, dann spürte sie die Schockwelle, die sich durch ihr Fleisch fortpflanzte, und ihre Pobacke brannte wie Feuer. Bevor sie schreien konnte, traf sie die Pranke auf der anderen Pobacke. Sie schnappte nach Luft, verschluckte sich, hustete und schrie gegen das Gefühl zu ersticken an. In schneller Abfolge trafen sie zehn Hiebe mit der Hand auf ihrem Hintern. Der stand in Flammen. Die Hitze fraß sich unaufhaltsam den Rücken hinauf und die Beine hinunter.

Ohne viel Druck zog Santa Luisa am Nacken in die Höhe. Schmerz, Wut, Ohnmacht und Scham trieben ihr die Tränen in die Augen.

»Nimm die Hände auf den Rücken und stell die Beine weiter auseinander«, wies Santa sie an und sie folgte zögerlich seinem Befehl. Luisas Nippel standen hart von ihren vorgereckten Brüsten ab und es kribbelte zwischen ihren Beinen. Ihre Gefühlswelt geriet nun völlig aus den Fugen. Santa hatte sie wie ein kleines Kind für ihr schreckliches Verhalten gegenüber ihren Mitmenschen bestraft und sie wurde geil.

»Weißt du, Luisa«, fuhr Santa fort. »Nachdem dich das Ganze hier richtig geil macht, können wir auch mit den Brüsten und Brustwarzen weitermachen. Die sind sehr empfänglich für Schläge und eine tolle Strafe für ungezogene Mädchen.« Dabei streichelte er mit dem Lineal, welches er vom Schreibtisch genommen hatte, über ihre Brüste. Sie zitterte. »Speziell jedoch deine kleinen, geilen Brustwarzen …«, beendete er seine Ansprache. Er setzte die schmale Seite des Lineals unter ihre rechte Brustwarze, hängte das Lineal ein bisschen ein und schnippte es nach oben. Sie stöhnte auf und ihre Warzen wurden steinhart. Schnell schnippte er auch die linke.

»Du wirst jeden Schlag mitzählen und dich für die Strafe bedanken. Eins, danke, das habe ich verdient. Wir beginnen mit zehn rechts und zehn links. Und wenn du dich verzählst, fange ich wieder von vorn an. Hast du mich verstanden«?

Luisa sah ihn fassungslos an und suchte nach Worten. Doch bevor sie etwas sagen konnte, traf sie der erste Schlag. Sie schrie laut, mehr vor Schreck als Schmerz und vergaß zu zählen. Santa sah sie an und sagte mit tiefer sonorer Stimme: »Hast du nicht was vergessen?« Luisa hatte sich ihrem Schicksal schon ergeben und jammerte: »Ja, ja, eins, danke, das habe ich verdient.«

»Im Prinzip richtig, aber das muss von dir selbst kommen. Also beginne ich nochmals von vorn.«

Noch ein Schlag auf die zarte Brust. Sie schrie zwar wieder laut, zählte aber: »Eins, danke, das habe ich verdient.«

»Das hast du gut gemacht«, lobte er sie. Anfangs schlug er nicht auf die Nippel, sondern erst mal seitlich an die Brüste und in die Nähe des Warzenhofs. Erst die letzten drei Schläge platzierte er jeweils genau aufs Zentrum. Sie atmete die Schmerzen weg. Nach der Strafe wies Santa sie an, sich vor ihren Schreibtisch zu stellen und nach vorn gebeugt die Beine zu spreizen. Sie reckte ihren Hintern bewusst weit nach oben, um ihm absolut ungehinderte Sicht auf ihre intimste Stelle zu ermöglichen. Selbstverständlich war ihre Spalte bis auf einen schmalen Streifen blank rasiert und die rosa Schamlippen glänzten von ihrer Nässe. Luisa sehnte sich nach einem harten Schwanz.

»Warum hast du dich nicht selbst befriedigt?« Er stand dicht hinter ihr. Sie suchte seinen Blick. Seine Augen waren warm, weich und neugierig.

Luisa schüttelte den Kopf und entgegnete: »Für so etwas habe ich keine Zeit.« Er ging um den Tisch herum, umfasste ihr Kinn und zog ihren Oberkörper zu sich. Die Hüfte gegen die Tischkante gepresst und auf den Zehenspitzen tänzelnd, reckte sie ihm ihren Mund entgegen.

»Braves Mädchen.« Er beugte sich herab und küsste ihre Stirn. »Wolltest du?«, fragte er und sie nickte zaghaft. »Dann kannst du es jetzt in aller Ruhe nachholen.«

Luisa war überrascht und wusste nicht, ob er das ernst meinte. Wie sollte sie das können? Sie hatte sich noch nie vor irgendwem selbst befriedigt. Sie schämte sich. Doch der feste Griff am Kinn und seine eisige Miene verrieten ihr, dass Widerspruch keine Option war. Langsam griff sie zwischen ihre Schenkel und schloss die Augen. Mit der anderen Hand begann sie, ihre Brüste zu streicheln, und zwirbelte ihre Nippel zwischen Daumen und Zeigefinger. Sie streichelte sich leicht und drang dann zwischen die Lippen, spaltete sie und war selbst verwundert, wie feucht sie war. Sie fuhr mit den Fingern durch ihre dicken Lippen und verteilte die Feuchtigkeit, bevor sie ihre Klit zu massieren begann. Mit aller Macht versuchte sie sich zu entspannen, aber es gelang ihr nicht. Sobald sie die Augen öffnete, schaute sie in den durchdringenden Blick von Santa, der sie strafte und demütigte. Ihre Erregung wuchs bei dem Gedanken, aber es war unmöglich, in dieser Situation zu kommen, dazu schämte sie sich zu sehr.

Santa griff in seinen Sack und zog einen Vibrator heraus. »Vielleicht der richtige Moment, dein neues Spielzeug auszuprobieren.« Er schaltete ihn ein und berührte damit ihre Nippel. Die Vibration durchlief ihren Körper und sie wand sich genüsslich. Als sie ihre Hand zwischen den Beinen wegziehen wollte, hielt er sie fest. »Hör nicht auf. Ich will dich kommen sehen.« Luisa massierte sich weiter, steigerte das Tempo und fühlte, wie sich ihre Anspannung löste. Sie keuchte, auf als er begann, den Vibrator ihren Bauch entlang bis an ihre Klit zu schieben. Ihr Becken streckte sich ihm entgegen.

»Zeig's mir«, sagte er, ließ den Vibrator in ihre Hand gleiten und trat einen Schritt vom Tisch zurück.

Sie begann, den Silikonschwanz in ihr Loch zu drücken. Unter heftigem Zucken gab der Muskel nach und der Stab bohrte sich in ihr Inneres. Sie riss die Augen auf und stöhne den Druck heraus. Dann bewegte sie den Vibrator rhythmisch und schob ihn bei jeder Bewegung tiefer in sich, um die Vibrationen noch intensiver zu spüren. Santa grinste zufrieden. Luisa war es in diesem Augenblick egal. Ihr Verstand setzte aus und sie pumpte den Prügel in ihre nasse Fotze. Sie würde es ich besorgen, endlich. Der dicke Kunststoffschwanz rammte ihr Loch weit auf, traf ihre Gebärmutter und schüttelte ihr Inneres durch, bevor er wieder aus der Fotze gerissen wurde.

Luisa tänzelte auf den Zehen und versuchte, das Gleichgewicht zu halten, denn mit der anderen Hand bearbeitete sie ihren Kitzler. Nein, sie malträtierte das kleine Fleischknüppelchen zwischen ihren Beinen. Sie bewegte sich immer schneller und kniff ihren geschwollenen Kitzler immer fester. Dumpf klatschte ihre Hand gegen ihr Becken. Ein Feuerwerk nach dem anderen zündete vor ihren geschlossenen Augen. Wie in Trance stöhnte, keuchte und schnaubte sie vor sich hin. Immer wieder traf der Kolben genau ihren G-Punkt, wieder und wieder malträtierte er das kissenartige Geflecht und brachte sie zum Tillen.

Ein gurgelnder Brei aus Stöhnen und Keuchen quoll durch ihre Kehle. Luisas Beine gaben nach und gingen weiter und weiter auseinander. Nur noch ihre Sehnen hielten sie in einer aufrechten Position. Ihre süße nasse Fotze zuckte mehrmals hintereinander und dann explodierte sie. Grollend stöhnte sie auf. Sie wollte sich aufbäumen, konnte es aber nicht. Sie spürte, wie ihre Körpersäfte heiß durch sie hindurchströmten. Zuerst spritzend, dann eher wie ein stetig plätschernder Fluss. Luisa lag mit dem Oberkörper auf der Tischplatte und atmete heftig.

Santa stellte sich vor sie, nestelte am Verschluss seiner Hose, öffnete ihn und ließ die Hose zu Boden gleiten. Es war unglaublich. Wie ein Stück Feuerwehrschlauch hing sein Schwanz zwischen seinen Beinen fast bis zu den Knien nach unten, dick und fett und schwer. Aus ihrer Position konnte sie direkt sehen, wie sein Schwanz steif wurde. Langsam, ganz langsam begann der gewaltige Penis vor ihren Augen an Härte zu gewinnen. Er hob sich langsam nach oben. Als er komplett in der Senkrechten war, schob und drehte sich die Spitze langsam nach oben aus der Vorhaut heraus. Nach einigen weiteren Atemzügen spannte sich die Haut um das gewaltige Rohr und einige Adern zeichneten sich ab. Santa hatte die Augen halb geschlossen und atmete schwer. Er ging um den Tisch herum und stellte sich hinter Luisa. Dabei bewegte sich sein Schaft kaum. Das Nächste, was Luisa spürte, war eine Hand, die nach ihrer nassen Fotze tastete. Luisa verrenkte ihren Kopf, um zu sehen, was sich hinter ihr abspielte.

Santa hatte nach vorn gegriffen und ihre feuchten Lippen in die Hand genommen. Als er merkte, wie nass sie war, zeigte sein Blick plötzlich einen unbeschreiblich erotischen Ausdruck. Unglaublich, wie sexy dieser monströse Hüne mit einem Mal geworden war. Er griff seinen Schwanz am Schaft und ließ seine Eichel frei durch die Luft schweben, bis sie sich auf das warme feuchte Loch von Luisa drückte. Sie drehte ihr Becken etwas und rollte ein wenig nach hinten, während er seinen Penis mit der Hand ausrichtete und die pralle Eichel immer fester an den Eingang ihrer nassen Fotze drückte. Als ihre feuchten Lippen seine Eichel völlig umschlossen hatten, nahm Santa die Hand wieder nach vorn und lehnte sich über sie. Mit einem Mal hatte Luisa den kompletten riesigen Körper dieses Hünen über sich.

Sie spürte jede seiner kleinsten Bewegungen direkt an ihrem empfindlichen Muskel. Sie konnte sogar fühlen, wie er atmete. Mit jedem seiner Atemzüge veränderte sich der Druck auf ihr Loch. Wenn er einatmete, drückte sich die Eichel etwas hoch und dehnte Luisa ganz langsam Millimeter für Millimeter. Jedes Mal, wenn er ausatmete, wurde der Druck ein wenig stärker. Eine ganze Ewigkeit lang waren sie auf diese Art direkt miteinander verbunden. Seine tiefe erotische Stimme drang an Luisas Ohr und befahl ihr: »Und jetzt fick mich richtig gut. Dann vergesse ich alles, was war.«

Sie rollte ihr Becken zurück und sein Schwanz rutschte mit einem Zug durch ihren engen Kanal. Nach Luft japsend spürte sie wieder das ganze Gewicht dieses Riesen. Sie spürte seine Beckenknochen, wie sie sich spitz in ihren Hintern bohrten. Gleichzeitig füllte sich ihr ganzer Unterkörper von der Möse ab mit einer unbeschreiblichen Wärme. Langsam und sachte bewegte sie ihren Hintern vor und zurück. Trotz ihrer unbändigen Geilheit musste sie ihren Sehnen und Muskeln doch mehr Zeit lassen, dem gewaltigen Stück Fleisch Platz zu machen.

Plötzlich hob Santa Luisa in die Höhe, sodass sie mit einem schmatzenden Geräusch von seinem Schwanz rutschte, und setzte sie mit dem Hintern auf dem Schreibtisch ab. Fast panisch schaute sie ihn an. Die Leere und die Angst, etwas falsch gemacht zu haben, waren unerträglich. Dann wurde ihr ganzer Unterleib von dem massiven Prügel wieder gedehnt und gequetscht. Luisa stöhnte den Druck und den leichten Schmerz weg. Sie sah dabei in die unendlich tiefe Schwärze seiner Augen, eingefasst von weißgrauen Augenbrauen. Immer tiefer sank sie hinein.

Er lehnte sich zurück, stützte sich nach hinten und zog sie von der Tischplatte. Ihr Unterkörper schwebte aufgespießt auf dem gewaltigen und harten Schwanz in der Luft, während sie ihren Oberkörper an der Tischplatte mit den Armen abstützte. Er setzte sich auf den Bürostuhl und sie hob ihre wohlgeformten langen Beine, um ihre Füße rechts und links neben seine Hüften auf den Stuhl zu stellen. Dann spreizte sie ihre Schenkel weit und drückte sich langsam hoch, sodass sein Schwanz ganz langsam aus ihrer nassen, weit gedehnten Fotze rutschte. Ihre feuchten dicken Lippen spannten sich zum Zerreißen um den riesigen Schwanz und glitten über dessen Haut. Dabei hinterließen sie einen feuchten Film auf dem dicken Pimmel. Als er nur noch mit der Eichel in ihr steckte, hielt sie inne.

Es war, als würde die Zeit stillstehen, als ob die ganze Welt plötzlich darauf konzentriert wäre, wie ihr Loch sich um die dicke Eichel spannte. Sie präsentierte ihm ihr nasses Inneres mit weit gespreizten Schenkeln und nach hinten gekipptem Oberkörper, den sie in der Brücke hielt. Sie spannte die Beine abwechselnd an, übte Druck auf die Eichel aus und knetete sie richtig durch. Sie hielt den eigenen Druck kaum aus, den die dicke heiße Spitze ihrer Fotze zufügte. Ihre Körperspannung ließ nach und voller Gier rammte sie sich plötzlich mit aller Kraft nach unten. Luisa hatte das Gefühl, es würde ihr den Unterleib zermalmen. Sofort hob sie ihren Arsch wieder an und hielt für eine Sekunde die Brücke. Dann ließ sie ihre nasse enge Fotze wieder ungebremst auf seinen harten Schwanz nach unten rasen, bis ihr die Luft wegblieb. Sie rammte ihr Becken und seinen Arsch immer wieder mit Gewalt in die Polsterung, sodass der ganze Stuhl wackelte. Aus ihrer Gebärmutter fuhr ein lustvoller Schmerzesblitz in ihr Hirn, der sich sofort in pure Geilheit verwandelte. Immer und immer wieder stieß sie ihre gierige Möse mit voller Wucht auf seinen harten Prügel und in ihr Becken hinein. Sie stöhnte und grunzte völlig hemmungslos.

Wieder spürte sie die volle Größe des riesigen Schwanzes. Unter ihrem Körpergewicht quetschte er ihren Unterleib, sodass sie überhaupt keine Luft mehr bekam. Gleichzeitig dehnte er alle ihre Sehnen – dieser unglaubliche Riesenschwanz. Luisas ganzer Körper glitzerte und glänzte durch den dünnen Schweißfilm auf ihrer Haut. Sie atmete schwer.

Luisa hob ihren Oberkörper an und hockte nun über Santa. Kurz musste sie an den Stuhl greifen, um in der Hocke das Gleichgewicht zu finden. Dann griff sie mit einer Hand an ihre Titte und mit der anderen an seinen Schwanz. Sie war vor

Geilheit fast besinnungslos. Die Lippen leckend schloss sie die Augen und genoss es, bis zum Zerreißen ausgefüllt zu sein. Mit den Oberschenkeln drückte sie sich langsam hoch und ließ den Schwanz Zentimeter für Zentimeter aus ihrem heißen, nassen Loch gleiten. Sie konnte fühlen, wie sich ihr Innerstes nach und nach hinter der herausgleitenden prallen Eichel zusammenzog. Als nur noch die Eichel in ihr steckte, hielt sie wieder an.

Da gab es für Santa kein Halten mehr. Er stieß von unten mit aller Kraft in sie hinein. Mit einem lauten, gegrunzten animalischen Stöhnen riss Luisa die Augen auf. Der Druck in ihr war kaum noch auszuhalten. Mit verkrampftem Gesicht starrte sie ihn an. »Jaaaah! Gib's mir! Stoß mich!«, schrie sie entfesselt. Mit ihrem ganzen Gewicht ließ sie sich auf sein Rohr fallen. »Ja! Fick mich! Zeig's mir!«, brüllte sie in Ektase.

Wieder stieß er mit aller Kraft in Luisa hinein. Er rammte sein Becken so hart nach oben, wie er konnte. Es war, als ob ein Betonblock in sie hineingestoßen würde. Stoß für Stoß federte ihr Arsch mit und nahm den Stößen etwas Gewalt. Lange könnte sie den Stößen nicht mehr standhalten. Plötzlich, mit einem weiteren gegrunzten Oaaaaahhhhgggrrr, entlud sich ihre Anspannung, als der Schwanz erneut in sie fuhr und sie glaubte, er würde ihr das Becken zermalmen. Völlig fertig klatschte sie in kurzer Folge auf ihm auf und ab, während er noch immer seinen Schwanz in sie rammte. Nach ein paar Stößen hatte sie das Gefühl, die Geilheit zerreiße sie erneut. So unerwartet die Welle über sie hinwegrollt war, so laut schrie sie und plötzlich schoss ein dicker, heller Strahl aus ihrem Loch heraus und in hohem Bogen über seinen Bauch. Völlig unkontrolliert tanzte sie auf seinem Schwanz und ein gewaltiger Spritzer nach dem anderen schoss aus Luisa heraus. Gleichzeitig stöhnte sie los wie eine muhende Kuh.

Das gab ihm wohl den letzten Kick. Er rammte sein Becken

mit aller Kraft in sie und spritzte seine Ladung in ihren Bauch. Doch er ließ nicht von ihr ab. Mit jedem weiteren Stoß jagte eine Fontäne in ihr dickes geschwollenes Loch. Er grapschte ihr unkontrolliert an die Titten und stöhnte langgezogen, während sich die Härte und Tiefe der Stöße abschwächte. Luisa merkte, wie sein Sperma zwischen ihren Lippen und seinem Schaft herausdrückte. Ihr Körper sackte nach vorn und landete erschöpft auf seiner Brust. Luisa atmete schwer und konnte keinen klaren Gedanken fassen. Ihr wurde schwindelig und sie krallte sich mit den Fingern in seinen Rücken. Sie wollte nicht vom Stuhl fallen. Ihr wurde schwarz vor Augen.

Ein nervtötendes Klingeln riss sie in das Hier und Jetzt. Sie tastete nach dem Telefon. Die Dame aus der Lobby rief an und teilte Luisa mit, dass die Kleidungsstücke in der Lobby abgegeben worden seien und sie sie jetzt nach oben bringen werde. Luisa bedankte sich für die Hilfe und legte auf. Sie saß mit weit geöffnetem Mantel in ihrem Stuhl und ihr Körper schmerzte. Langsam kam die Erinnerung zurück. Sofort tastete sie zwischen ihre Beine. Ihre Möse war dick geschwollen, nass und schmerzte. Ihre Nippel brannten. Sie war durstig.

Luisa schloss ihren Mantel und schaute sich suchend im Büro um. Keine Spur von Santa. Sie wollte sich bei der netten Dame wenigstens mit einem großzügigen Trinkgeld bedanken und nahm ihre Handtasche vom Sideboard. Als sie nach dem Portemonnaie kramte, traute sie ihren Augen nicht. Dort lag der Vibrator. Ein rotes Band mit Schleife schmückte den Schaft und auf einem kleinen Anhänger stand *Merry Christmas*.

MorgenFreunden

Der Wecker klingelte unerbittlich. Sonja tastete nach der Schlummertaste. Kaum hatte sie die Taste gedrückt, drang Tims Stimme an ihr Ohr.

»Guten Morgen, mein Schatz, ein neuer Tag«, flüsterte er vergnügt vom Fußende des Bettes. Sie hasste und bewunderte gleichzeitig Tims gute Laune. Der streichelte sanft ihre Unterschenkel. Die warme weiche Hand jagte ihr einen wohligen Schauer über den Rücken. Sonja genoss es und stellte sich tot. Sollte er sie noch Stunden so streicheln.

Tim ließ seine Hand langsam unter die Decke geleiten, mit jeder Bewegung ein kleines bisschen weiter nach oben. Das Kribbeln auf Sonjas Haut wurde immer heftig und unerträglicher. Sie begann, ihren Schoß mit kleinen Bewegungen über das Laken zu reiben. Es wurde ihr heiß unter der Decke.

»Na, da ist ja jemand schon richtig unruhig und kann es nicht erwarten …«, sagte Tim hänselnd – »… aufzustehen«, setzte er hinterher.

Er schlug die Decke weg und streichelte Sonja sanft über den Hintern und die Hüfte, wohlwissend, dass sie dort kitzelig war. Zappelig hob sie die Hüfte und beschwerte sich murrend. Doch Tim konnte deutlich sehen, wie es zwischen ihren Schenkeln feucht und rot glänzend schimmerte. Tims Schwanz stellte sich ganz langsam auf und begann an Härte zu gewinnen. Als er komplett in der Senkrechten war, schob sich die Spitze langsam nach oben aus der Vorhaut heraus. Nach einigen weiteren Atemzügen spannte sich die Haut um das gewaltige Rohr und einige Adern zeichneten sich ab. Seine Stimmung kippte. Er wollte Sonja jetzt nur noch ficken. Ihre Spalte bearbeiten und sie besamen.

Er zog ihren Hintern in die Höhe.

Tim sog die Luft durch die Nase und roch einen Augenblick lang an den glitzernden Schamlippen, die Sonja ihm jetzt bereitwillig präsentierte. Dann hob er seinen Oberkörper, griff die Hüfte oberhalb des prallen Arsches und positionierte sich zwischen ihren gespreizten Beinen.

Sonja schloss die Augen, drückte willig ihren Rücken durch, reckte ihren Hintern, so hoch sie konnte. Schon spürte sie den heißen Schwanz auf ihrer rechten Arschbacke. Mit der Hand zog Tim die Haut seines prallen Schwanzes ganz zurück und drückte die Eichel ins Freie. Geschickt dirigierte er die Eichel in die richtige Position. Dabei streifte sie sanft über ihre feuchten Schamlippen, glitt an ihnen entlang und teilte die Lippen.

»Oh ja, nimm mich«, raunte Sonja. Mit einer Hand griff sie zwischen ihre Beine und digerierte die glühende Spitze an ihr Loch. Tim bewegte die Hüfte zurück und im nächsten Augenblick schob sich seine Eichel erneut zwischen ihre Schamlippen. Geschmeidig drang die Spitze des harten Schwanzes durch ihre Finger und durch den empfindlichen Muskel von Sonjas heißem Loch. Sie stöhnte erleichtert auf. Sofort drängte Tim seine Hüfte weiter nach vorn und zog Sonja an der Hüfte auf sein Rohr. Die Eichel wurde durch Sonjas Fleisch getrieben und drückte dabei ihre empfindsamen Muskeln auseinander. Unaufhaltsam drang er tiefer und tiefer in sie, bis sein Bauch die Bewegung stoppte und seine Hoden sich sachte gegen ihre Schamlippen schmiegten.

Tim atmete genüsslich aus. Er verweilte in ihr und genoss es, von dem heißen und feuchten Fleisch komplett umschlossen zu sein. Sonja schloss die Augen, atmete ruhig ein und aus und genoss das Gefühl, komplett ausgefüllt zu sein. Der Augenblick dehnte sich zu einer Ewigkeit. Ihre gesamte Wahrnehmung fokussierte sich auf den heißen dicken Schwanz, der tief in ihr ruhte. Sie nahm jede noch so kleine Bewegung wahr. Jeder Atemzug ließ sein Glied sich ein wenig vor und zurück bewegen. Sie fieberte dem befreienden Augenblick entgegen, wenn Tim sie endlich nehmen würde.

Der krallte spontan die Hände in ihre Hüfte und schob sie von dem harten Schaft, bis nur noch seine Eichel zwischen

Sonjas Muskeln ruhte. Langsam trieb er seinen harten Schwanz wieder durch ihr Innerstes und nahm sich den Raum, den er brauchte. Immer schneller wiederholte er die Bewegungen. Sonja seufzte und drückte ihren Rücken weiter durch, um den Druck der Eichel zu erhöhen.

Tim zog sich an ihrer Hüfte in die Hocke und trieb seine Eichel mit Kraft in Sonja. Nach einigen wenigen Stößen gewann er rasch an Tempo. Sonja war im siebten Himmel. Sie wurde schnell und hart gestoßen und immer wieder weit gedehnt. Laut stöhnend gab sie sich dem Gefühl hin, gefüllt zu werden. Mit jedem Stoß verlor sie ein wenig mehr an Beherrschung. Ihre Finger krallten sich in das Bettlaken, während Tim sie mit harten, energischen Stößen nahm. Mit seinem muskulösen Körper hielt er sie unter sich, dominierte sie, während er ihre feuchte, geschwollene Möse in Besitz nahm.

Ihre Erregung stieg mit jedem weiteren Stoß, staute sich in ihrem Schritt, erfüllte bald ihren gesamten Körper mit einem unbeschreiblichen Druck, der ihr den Atem nahm. Sie stöhnte heftig, um dem Gefühl, an ihrer Geilheit zu ersticken, standhalten zu können. Sie konnte keinen klaren Gedanken mehr fassen. Mit aufgerissenem Mund hechelte und stöhnte sie. Etwas Speichel tropfte aus ihrem Mund. *Oh Gott, du geile Sau*, schoss es ihr durch den Kopf. »Deck mich, ja, komm«, feuerte sie Tim an.

Der hämmerte seinen Schwanz mit kurzen, tiefen Stößen in sie und seine pralle Eichel immer fester gegen ihre Gebärmutter. Bunte Blitze schossen durch ihren Kopf und mit einem »Haaah … rrrgg … sschhhh!« schrie sie gepresst alle Anspannung heraus. Statt Erleichterung verschluckte dieses wahnsinnig geile Gefühl jeden Gedanken – einfach alles. Nur das Gefühl in ihrem Schoß verschwand nicht. In ihrem Bauch kribbelte es wahnsinnig. Dumpf klatschend vernahm sie das

Geräusch seines Beckens, das bei jedem Stoß gegen ihren Hintern donnerte. Mit voller Wucht schlug ein Blitz in sie und während ihr Bewusstsein auf der Schwelle tanzte, versagten ihr die Knie. Ein Stöhnen und Keuchen quoll durch ihre Kehle. Ihre Knie gaben nach und gingen weiter und weiter auseinander. Sie konnte sich kaum noch in einer knienden Position halten. Schwungvoll ließ Tim seine Hüfte gegen ihren Hintern klatschen, drang bis zur Wurzel in sie ein und schob sie über die Schwelle. Sie explodierte mit einem lauten Schrei. Ihr Unterleib wurde von dem Orgasmus überschwemmt, verkrampfte sich rhythmisch zuckend um den harten Schwanz. Tim verlor den Rhythmus und stieß sein Glied unkontrolliert in das zuckende Loch unter sich. Er spürte, wie er den magischen Punkt überschritt, von dem aus es kein Zurück mehr gab. Ein unbeschreibliches Gefühl strömte von seinen Hoden aus durch sein gesamtes Becken und brandete anschließend durch den trainierten Körper. Jede Faser spannte sich an und presste ein röchelndes Stöhnen durch den offenen Mund, als er zum Höhepunkt kam. Erlösung heischend drückte er seine Hüfte nach vorn, presste sein Glied so tief er nur konnte in die weiche und feuchte Möse. Tief umschlossen von dem weichen und warmen Fleisch, begann es zu zucken und das Sperma zu verspritzen. Die Spannung floss in Schüben aus seinem harten Glied.

Nach zwei heftigen Spritzern konnte er seinen Körper wieder kontrollieren und stieß mehrfach unter weiteren Spermaschüben seinen Schwanz tief in Sonjas feuchte und zuckende Möse. Das Stöhnen ging in ein heftiges Schnauben und Atmen über. Für den letzten Stoß zog er seinen Schwanz zurück, glitt aus der nassen Möse und rutschte durch die Spalte zwischen ihre Pobacken. Ein letzter kleiner Spritzer Sperma ergoss sich unter heftigem Zittern seines Körpers. Seine milchige Flüssigkeit rann, vermischt mit ihrer Feuchtigkeit, zwischen ihren Pobacken auf das Laken. Ihre Möse zuckte, schnappte ins Leere und speiste das Rinnsal mit Sperma und Mösensaft.

Sonja kostete diesen Augenblick aus. Eine leichte Gänsehaut ließ ihre Haut kribbeln. Sie mochte dieses Gefühl direkt danach, den Geruch nach animalischem Sex und den Gedanken, gerade wie eine Stute besamt worden zu sein. Tim ließ sich erschöpft zur Seite kippen und atmete heftig. Nachdem ihre Erregung weitestgehend abgeklungen war, rappelte sich Sonja auf, um Tim zu küssen. Ein Schwall Sperma ergoss sich auf ihren Oberschenkel. Sie hielt schützend eine Hand unter sich, rollte sich aus dem Bett und trippelte raschen Schrittes ins Badezimmer, um sich sauber zu machen.

Als sie in das Schlafzimmer zurückkehrte, grinste sie Tim verträumt an.

Der wilde Ritt

Es klingelte an der Tür. Der Paketbote. Sahra wunderte sich. Sie hatte nichts im Internet bestellt und erwartete auch sonst keine Lieferung. Nachdem sie die Tür geöffnet hatte, hörte sie, wie der Bote die Treppe in den zweiten Stock nahm. Er hatte ein kleines handliches Päckchen unter dem Arm. Es war tatsächlich an Sahra adressiert. Der Absender war ihr nicht bekannt. Sie zeichnete den Erhalt des neutralen Päckchens gegen und schloss die Tür.

Neugierig öffnete sie das Päckchen. Ihr Telefon summte und vibrierte. Eine neue Nachricht. Mit einer Hand schob sie das Packmaterial beiseite, unter dem sich eine längliche Schachtel befand. Mit der anderen hob sie das Handy vom Tisch.

Hallo Sahra, es freut mich, dass mein Päckchen angekommen ist. Ich wünsche dir viel Spaß mit dem Inhalt.

Sahra war irritiert und fragte sich, woher der unbekannte

Absender der SMS wusste, dass sie gerade ein Päckchen erhalten hatte. Sie schaute sich in ihrem Esszimmer um. In den Fenstern des gegenüberliegenden Hauses konnte sie niemanden erkennen. Sie ging ans Fenster und beobachtete die Straße. Erneut vibrierte das Handy in ihrer Hand. Mit einem Auge schielte sie auf das Display.

Mach einen Film, ich will sehen, wie gut ich deinen Geschmack getroffen habe.

Sie fühlte sich unwohl in ihrer Haut. Trotzdem ging sie zum Esstisch zurück. Tausend Gedanken schossen ihr durch den Kopf. Sie haderte, ob sie die Schachtel öffnen sollte. Doch die Neugier siegte und sie zog den Deckel von der Schachtel. Ihr wurde heiß und kalt, als sie hineinblickte. In rotem Seidenpapier lag ein schwarzer Dildo von bestimmt fünfundzwanzig oder dreißig Zentimetern Länge. Der Schaft hatte solch einen Umfang, dass Sahra mit ihrer Hand nicht drumherum greifen konnte. Sie hob ihn aus der Schachtel. Das Gewicht unterstrich den massiven Charakter des Monstrums. Es erregte sie, diesen riesigen Gummischwanz in der Hand zu halten, aber sie war sich nicht sicher, wie sie in nehmen sollte, oder ob sie ihn überhaupt nehmen sollte. Sie zuckte zusammen, als ihr Handy erneut vibrierte.

Du wirst nicht kommen, bevor du dich nicht ausgiebig zehn Minuten mit deinem neuen Freund beschäftigt hast. Und jetzt leg los. S.

Ein Schauder lief Sahra den Rücken herunter. Es stellte sich nicht die Frage, ob und wie lange sie sich mit dem Monster vergnügen würde. Ein Geschenk ihres Herrn sollte sie besser nicht ausschlagen. Sie ging in den Flur und entkleidete sich komplett. Ihre Handykamera positionierte sie vor dem großen Spiegel und schaltete sie an. Als Nächstes drückte sie den Dildo mit dem Saugfuß auf den Parkettboden. Dann holte sie das Probepäckchen Gleitgel aus der Schachtel, öffnete es und rieb den Schaft damit ein.

Mit einem seufzenden Stöhnen quittierte sie das Überwinden ihres Muskels, als die massive Dildospitze in ihren Schoß drang. Sie rutschte langsam nach unten und fühlte mit wohligem Schaudern, wie ihr Innerstes gedehnt und immer weiter gefüllt wurde. Hechelnd versuchte sie, mit dem neuen Gefühl zurechtzukommen, und es war ein kleines Wunder, dass sie dabei nicht sofort explodierte. Sie wimmerte leise, als sie kurz verharrte und sich die Gelegenheit gab, sich daran zu gewöhnen. Sahra war eng, fast ein wenig zu eng, doch sie war nass und geil. Langsam hob sie ihren Hintern in die Höhe und kostete jeden Millimeter aus, nur um sich dann wieder sinken zu lassen.

Sie wiederholte diese Bewegungen langsam. Doch nach dem dritten Mal hielt Sahra es nicht mehr aus. Sie ließ ihren Körper sacken und rammte ihn sich hinein. Sie japste nach Luft. Ein Zittern durchzog ihren ganzen Körper und ließ sie sich aufbäumen. Der leichte Schmerz zwang sie, es langsamer angehen zu lassen. Mit einem überraschten Keuchen spürte sie, dass sie ihre maximale Länge erreicht hatte und doch noch gute zehn Zentimeter fehlten. Sie hatte das Gefühl, als würde er alles in ihr zusammenschieben und ihr keinen Platz zum Atmen lassen.

Im Spiegel sah sie, wie das riesige Kunstglied ihre Schamlippen weit auseinanderzog und doch noch ein kleines Stück in sie glitt. Die schwarze Farbe wirkte martialisch und stand in schönem Kontrast zu ihren rosigen glänzenden Schamlippen. Sie fasste sich an die Brüste und massierte sie sanft. Langsam hob sie ihr Becken und schaute auf ihren Schoß. Sie sah zu, wie der Stab langsam und feucht glänzend wieder zwischen ihren Schamlippen auftauchte und fast komplett sichtbar war. Danach verschwand er wieder in Sahras Innerstem. Sie stöhnte und verdrehte die Augen unter dem Druck, der sich mit jedem Zentimeter in ihr aufbaute, als sich ihre Lippen erneut über den Stab schoben.

Am Anfang war Sahra noch etwas ungelenk und ungeschickt in ihren Bewegungen. Hinzu kamen die intensiven Gefühle, die jedes Eindringen in ihrem Körper auslöste. Es fühlte sich an, als könnte sie sofort kommen. Sie hatte den unbändigen Wunsch, sich immer schneller zu bewegen, bis ihr Körper bekam, was er brauchte. Doch sie zwang sich, langsam zu machen. Er hatte ihr in der SMS zehn Minuten auferlegt. Zehn Minuten, bis sie kommen durfte. Der massive Schaft machte es ihr schwer. Das war eine verdammt lange Zeit. Sie musste sich ihre Kräfte und besonders ihre Kontrolle einteilen, denn schon nach ein paar Bewegungen war sie sich sicher, dass sie die Kontrolle schnell verlieren würde.

Konzentriert, fast verbissen kämpfte sie sich den Stab hinauf und hinunter. Das Perfide war, je mehr sie sich auf die Bewegung konzentrierte, desto intensiver war das Gefühl, auseinandergedrückt und ausgefüllt zu werden. Mittlerweile stöhnte und wimmerte sie völlig unkontrolliert. Vor Anstrengung begann der Schweiß auf ihrer Oberlippe zu perlen.

Sie musste immer wieder in den Spiegel schauen. Nicht um den Kameraausschnitt über das Spiegelbild des Displays zu kontrollieren, sondern um den glänzenden, stark strukturieren Kolben zu beobachten, wie er aus ihr und in sie glitt. Ihr Fötzchen leuchtete rot zwischen den weit gespreizten Oberschenkeln. Der Gedanke, eine schwanzgeile Schlampe zu sein, floss in den Rausch ihrer Empfindungen ein und trieb sie auf und ab. Ihre Knie und Oberschenkelmuskeln schmerzten, doch lenkten sie kaum noch von ihrer unbändigen Geilheit ab.

Ihr glänzender Körper senkte und hob sich über den schwarzen Pfahl. An dessen Struktur sammelte sich ihre Nässe und rann über das dicke Ende, bevor sie auf den Boden tropfte. Der intensive, berauschende Duft stieg Sahra in die Nasse. Es roch nach Sex. Sie war der pure Sex. Das Verlangen nach einem großen heißen Schwanz in ihrem Mund wurde immer stärker. Am liebsten hätte sie sich von einem Rudel harter Schwänze in jedes Loch ficken lassen. Die wilde Fantasie im Kopf trieb sie dazu, den schwarzen Prügel wild zu reiten.

Nach fünf Minuten war sie sich sicher, dass sie kurz davor war zu kommen. Sie hielt inne und atmete gegen das immer stärker werdende Gefühl. *Keinen Höhepunkt, du schwanzgeile Schlampe!*, rief sie sich zur Räson. Mit glasigem und entrücktem Blick betrachtete sie den Ausschnitt des Kameradisplays. Sie ergriff mit beiden Händen ihre Brüste und quetschte sie hart. Als das nicht half, sie von ihrem brodelnden Loch abzulenken, schnappte sie beide Nippel mit Daumen und Zeigefinger. Sie zog sie ruckartig in die Länge, bis ein kurzer Schmerz ins sie fuhr. Der Druck in ihrem Unterleib ließ nach. Sie lockerte den Zug ein wenig und massierte sanft ihre geschundenen Knospen. Wie Öl floss das angenehme Gefühl aus ihren Spitzen in den Brustkorb und tropfte in das Feuer in ihrem Schoß. Sie hechelte wie eine läufige Hündin und wollte die Finger von ihren Titten nehmen. Doch der Stromschlag, der aus ihrer nassen Möse zuckte, ließ ihre Finger an ihren Nippeln kleben.

Sahra hatte längst kein Zeitgefühl mehr und fluchte über ihn – nein sich. Sie musste sich mit neuen Schmerzen traktieren und so gezielt versuchen, einen Höhepunkt zu verhindern. Der Schweiß rann ihr zwischen den Brüsten hinunter. Ihre Haare klebten mehr und mehr am Körper. Noch immer entlockte ihr jedes Absinken ein lüsternes Stöhnen. Im Moment reichte die erzeugte Lust des dicken Freudenspenders noch nicht, sie über die Schwelle zu bringen, aber er verringerte auch nicht die Geilheit.

Fast wie in Trance bewegte sie sich weiter und erhaschte einen Blick auf die Zeitanzeige des Kameradisplays. Es waren erst sieben Minuten vorbei. Ihre Oberschenkel und ihr Schoß brannten. Ihre Nippel waren völlig taub und nur ein dumpfes Pochen erinnerte sie daran, dass sie welche hatte. Ihr heftiges Keuchen wollte sich gar nicht mehr beruhigen. Sie zuckte und zitterte von der Anstrengung. Mit jedem Atemzug wurde der Schmerz in den Oberschenkeln heftiger, aber auch die Hitze und das unbändige Ziehen in ihrer Möse. Sie konnte sich nicht mehr ablenken, sich nicht mehr konzentrieren. Selbst ein Lufthauch über ihre Perle – die mittlerweile deutlich sichtbar hervorgetreten war – reichte, um sie weiterzutreiben. Dabei sah sie, dass ihr Fötzchen auslief. Es sammelten sich immer wieder Lusttröpfchen an ihren Schamlippen, die anschwollen, schließlich als Tropfen zu Boden fielen und dabei einen feuchten Schweif hinter sich herzogen. Ihre ganze Scham war stark angeschwollen und gerötet.

Erschöpft ließ sie sich sinken. Unnachgiebig bohrte sich die pralle Eichel in sie. Ein dumpfer Schmerz breitete sich in ihrem Bauch aus, brandete in ihrem Kopf auf und wurde als pure Geilheit in ihre Möse zurückgeworfen. Sofort war ihre Lust wieder da und sie stöhnte hemmungslos auf. Das Gefühl war einfach unbeschreiblich und ihr Körper genoss mit jeder Pore den enormen Schaft. Sie hob ihr Becken und senkte es wieder. Sie versuchte jetzt nicht mehr, den Höhepunkt zurückzuhalten. Mit zusammengepressten Lippen genoss sie die Welle, die über ihr zusammenschlug. Viel zu deutlich war das Zittern und Zucken ihres Körpers zu sehen. Wie sie den Rücken durchbog, sich die Schenkel bis zum Anschlag spreizten und sie sich noch tiefer sinken ließ.

Nachdem sich ihr Körper wieder etwas beruhigt hatte, setzte sie ihre Bewegungen fort. Nun aber nicht mehr ruhig und gleichmäßig, jetzt hatte ihre Lust vollständig die Kontrolle übernommen. Sie wollte sich hart und animalisch nehmen, sich so ficken, dass sie sich auch morgen noch daran erinnern würde. Auf dem Boden kniend, ließ sie schwungvoll ihr Becken sinken. Ein hilfloses Hecheln war alles, was Sahra ihrer Geilheit entgegensetzen konnte. Die Gangart war eigentlich genau nach ihrem Geschmack, aber im Moment war sie mit sich überfordert und konnte nichts dagegen tun. Es war ein aufregendes Gefühl, das dadurch in ihr entstand.

Als sie das Becken erneut schwungvoll hinabstieß, zuckten bunte Blitze durch ihren Kopf und ein gedrücktes Stöhnen kam über ihre Lippen. Dumpf klatschend vernahm sie das Geräusch ihrer Arschbacken, die bei jedem Stoß gegeneinanderprallten. Demzufolge musste sie die volle Länge in sich gebracht haben. Ein Feuerwerk nach dem anderen zündete vor ihren geschlossenen Augen. Wie in Trance stöhnte, keuchte und schnaubte sie vor sich hin. Sie war so reizüberflutet. Immer wieder stieß, rieb oder streichelte – nein malträtierte die Spitze wieder und wieder ihr Innerstes. Vor Geilheit und Anstrengung gaben ihre Knie nach.

Grollend stöhnte sie auf. Sie wollte sich aufbäumen, doch sie konnte es nicht. Dann explodierte sie erneut. Ihre geschlossenen Augen waren in grelles Licht getaucht und sie spürte, wie ihre Körpersäfte heiß durch sie hindurchströmten. Wild zuckend spritzte sie auf den Boden. Sie hatte das Gefühl, es würde gar nicht mehr aufhören. Immer noch zuckend floss die Anspannung aus ihr. Es dauerte eine gefühlte Ewigkeit, bis sie irgendwann das Gefühl hatte, komplett ausgewrungen zu sein. Und trotzdem stieß sie sich weiter und weiter auf den harten Schaft, bis sich dunkel tanzende Punkte in das grelle Licht schoben. Sie ließ ihren Oberkörper zur Seite fallen und atmete langsam und tief ein.

Glücklich grinste sie. Der Film würde seinen Schwanz schmerzhaft anschwellen lassen. Ihn zwingen, sich die Seele aus dem Leib zu wichsen. Ja, sich Erleichterung verschaffen zu müssen, weil er seinen Prügel nicht in seine schwanzgeile Fickschlampe rammen konnte. Das geschah ihm recht.

Die Fremde im Restaurant

Ein langer Arbeitstag lag hinter mir. Wir hatten schon früh am Morgen mit internen Besprechungen begonnen und besuchten den Rest des Tages einige Kunden. Meinen Rückflug hatte ich aus diesem Grund auch auf den nächsten Morgen gelegt. Bei einem ruhigen und guten Abendessen wollte ich den Tag ausklingen lassen.

Der Restaurantleiter führte mich an einen Zweiertisch in direkter Nachbarschaft zu einer großen Frauenclique, die anscheinend den Geburtstag einer in ihrer Mitte feierte. Das war nicht unbedingt meine Vorstellung von einem ruhigen Abend, aber ich freute mich, wie sich die Mädels amüsierten. Es wurde über dies und das geredet, gelacht, gegiggelt und die Köpfe zusammengesteckt.

Da die Tische nur eine Handbreit auseinanderstanden, war ich mittendrin statt nur dabei. Mir schräg gegenüber saß eine attraktive Dunkelhaarige, die mich immer wieder mehr oder weniger unauffällig durch ihre Brille fixierte beziehungsweise versuchte abzuschätzen. Ich fühlte mich geschmeichelt, von so einer gepflegten und attraktiven Erscheinung beobachtet zu werden. Ein angenehmes Kribbeln lief mir den Nacken hinunter und ließ mich unwillkürlich ein wenig die Schulterblätter anheben. Dabei stieß ich mit dem linken Fuß unter dem Tisch gegen eines der Tischbeine, die man aufgrund der fast bodenlangen Tischdecken nicht sehen konnte. Ich zuckte zurück. Doch wieder berührte mein Bein etwas. Nein, mein

Bein wurde berührt – weich und warm. Die Unbekannte grinste mich verstohlen an. Ich stand völlig auf dem Schlauch und hob die Tischdecke leicht an. In dem Moment schob sich ein mit Netzstrümpfen bekleideter Fuß an meinem Knie vorbei, drückte meine Beine auseinander und tippte ganz sanft an meinen Schritt. Zum Glück konnte ich mein Gesicht nicht sehen. Die Unbekannte grinste mir wieder zu und legte ihren Zeigefinger auf ihre geschlossenen Lippen. Tausend Gedanken schossen mir durch den Kopf. Keinen konnte ich fassen. Ich ließ die Tischdecke fallen und sie erhöhte den Druck in meinem Schritt.

Ganz langsam fing mein Hirn wieder an zu arbeiten. Ich konnte es nicht fassen, was diese elegante Frau da gerade machte. Ich wollte nicht so benutzt werden, aber mein Körper war da nicht so wählerisch. Es erregte mich. Das Blut schoss mir in den Schoß und ich konnte nicht widerstehen, mich mit dem Schoß in ihre Richtung zu drehen. Langsam und kontinuierlich drückte sie durch die Hose meinen prallen Schwanz. Die Pumpbewegungen verfehlten ihre Wirkung nicht. Ich spürte meine Beine kaum noch. Scheinbar interessiert lauschte sie den Worten der Gastgeberin und biss sich auf die Unterlippe. Langsam rieb sie mit dem großen Zeh meinen Schwanz entlang. Mit jeder Bewegung in Richtung meiner Eier öffnete sie den Reißverschluss meiner Hose ein wenig mehr. Ich rutschte ihr so weit entgegen, dass ich mit dem Hintern ganz vorn auf der Kante der Sitzbank saß. Jetzt nur noch durch den dünnen Stoff der Boxershorts von seinem Ziel getrennt, massierte ihr Zeh langsam die Stelle unterhalb der Eichel. Meine Eier zogen sich zusammen.

In dem Moment wurde sie vom Geburtstagskind angesprochen und ließ ein wenig von mir ab. Sie wurde von der Gastgeberin an ihre Wettschulden erinnert. Meine Schöne erklärte mit fester Stimme, dass sie ihre Schulden immer zu begleichen pflege, woraufhin am ganzen Tisch Gelächter ausbrach. Das hielt aber nicht lange an, denn eine weitere Gruppe von Frauen betrat das Restaurant und kam an den Tisch. Mit großem Hallo wurden die vier empfangen. Meine Schöne nahm den Fuß nun ganz aus meinem Schritt und stand auf, um die vier als Erste zu begrüßen. Dabei hielt sie einen ihrer hohen Pumps in der Hand und erklärte unaufgefordert, dass ihr Fuß schmerze. Nachdem sie die vier begrüßt hatte, schob sie sich zwischen ihnen hindurch und setzte sich mit einem Augenzwinkern auf den Stuhl mir gegenüber. Sie untersuchte den Schuh und bückte sich zum Anziehen nach unten. Keine zwei Sekunden später hockte sie zwischen meinen Schenkeln und öffnete den Knopf meiner Hose.

Ich zuckte erschrocken zurück, doch da war ihre Hand schon in meinen Boxershorts und zerrte meine Erektion aus der Hose. Hilfesuchend schaute ich mich um. Die Begrüßung der neuen Geburtstagsgäste schien nicht wirklich voranzukommen. Die vier standen immer noch vor meinem Tisch. Meine Schöne hielt derweil mit einer Hand meinen Schwanz am Schaft fest, mit der anderen massierte sie meine Eier. Ihre Zunge leckte sanft und weich die Unterseite meiner Erektion. Sie konzentrierte sich auf meine sensibelste Stelle am Ring zwischen der Eichel und dem Punkt, an dem die Vorhaut entspringt. Sie leckte und klopfte mit der Zunge kontinuierlich auf die Stelle. Mein Schwanz glitt in ihren Mund. Dabei rutschte ihre feuchte Zunge sanft über die Eichel, bis ihre Lippen den Ring hinter der Eichel erreichten. Langsam drehte sie den Kopf hin und her, wobei ihre feuchten Lippen mit dem Ring in Verbindung blieben.

Das Gefühl war unbeschreiblich. Alle meine Sinne konzentrierten sich auf ihren feuchten, warmen Mund. In meinem Schoß staute sich die Geilheit und mein Becken stieß zuckend nach vorn. Ich wollte gegen den Orgasmus ankämpfen und meinen Schwanz zurückziehen, doch da überrollte mich eine Welle und mit einem kraftvollen Ruck schmiegte ich meinen Schwanz fest in ihren Mund. Bevor ich völlig die Kontrolle verlor, nahm ich meine Serviette vor das Gesicht. Ich atmete heftig in den Stoff, als mein Schwanz pumpte und sich meine Anspannung pulsierend in ihren Mund entlud. Immer wieder strich ihre melkende Hand über meinen Schaft, während sie an der prallen Eichel saugte.

Für einige Sekunden saß ich da, zu keiner Bewegung fähig. Die Leere in meinem Kopf wurde schlagartig mit lautem Gelächter gefüllt. Nach und nach erwachten meine Sinne wieder zu Leben. Ich zog meinen Schwanz aus ihrem Mund und legte mir die Serviette auf den Schoß. Darunter fummelte ich umständlich meinen Schwanz wieder in die Hose. Als ich fertig war, saß mir die Schöne gegenüber und richtete sich die leicht zerzausten Haare. Dann nahm sie mein Weinglas, trank einen Schluck und sagte mit einem Lächeln: »Danke, das war lecker.« Bevor ich etwas erwidern konnte, rutschte sie einen Stuhl weiter und sprach eine ihre Freundinnen an.

Nachdem sich zumindest mein Körper wieder beruhigt hatte, ging ich zur Toilette. Beim Herabsteigen der Treppen in den Keller hörte ich hinter mir das Klackern von High Heels. Unten angekommen drehte ich mich um. Mein Engel war mir gefolgt. Auf der letzten Treppenstufe blieb sie stehen und flüsterte mir ins Ohr: »Warte, wenn du fertig bist, vor den Toiletten.« Dann lief sie an mir vorbei einen langen Gang entlang und verschwand nach rechts.

Ich war mir nicht mehr sicher, ob ich das alles vielleicht nur träumte. Da es nur einen Weg gab, das herauszufinden, folgte ich ihr. Dem Rechtsknick des Gangs folgt eine Art Vorraum, von dem die Türen zur Damen- bzw. Herrentoilette abgingen. Dazwischen standen eine Anrichte und je ein Stuhl rechts und links. Ich ging auf die Toilette. Beim Abtrocknen der Hände stellte ich mit einem Blick unter die WC-Türen fest, dass sich sonst niemand in der Toilette befand. Ich ging nach draußen. Die Schöne war noch nicht da, deshalb setzte ich mich auf einen der Stühle und wartete aufgeregt wie ein Schuljunge.

Die Tür der Damentoilette öffnete sich mit einem Knarzen und mit schnellen Schritten war sie bei mir. Meinen Kopf zwischen ihren Händen haltend, küsste sie mich auf den Mund. Ihre Zunge schob sich zielstrebig zwischen meine Lippen und nahm sich den Raum, den sie brauchte. Ihr Mund saugte sich auf meinen und ihre Zunge begann mich zu penetrieren. Das Gefühl floss durch meinen Nacken den Körper hinunter und schaltete jede meiner Muskelfasern mit einem Kurzschluss lahm. Ich war zu keiner Gegenwehr fähig. Ihre Zunge fickte mich hart und bedingungslos. Doch so schnell, wie sie begonnen hatte, beendete sie den Kuss.

Ich konnte meinen Mund nicht schließen. Nach und nach schaltete mein Gehirn die Muskeln wieder ein. Doch bevor ich etwas sagen konnte, stellte sie ihren Fuß auf dem Sideboard neben mir ab. Ihr Kleid rutschte hoch und entblößte ihre rasierte Möse zwischen den schwarzen Netzstrümpfen. Die hohen Schuhe und die Höhe des Sideboards zwangen sie, auf den Zehen des Standfußes zu tänzeln. Dabei öffneten sich ihre Schamlippen weit. Rosarot glänzte ihr Loch zwischen ihnen. Mit einem beherzten Griff fuhren ihre Hände erneut an meinen Kopf und in meine Haare, um mich im nächsten Augenblick zwischen ihre weit gespreizten Schenkel zu reißen.

Mein Gesicht prallte sanft an ihre Körpermitte. Meine Nase rutschte über den schmalen Streifen ihrer Schamhaare in Richtung ihrer feuchten Lippen. Ein Zitrusduft stieg mir in die Nase. Ein Duft, der mir bekannt vorkam – Handseife. Meine Zunge drückte ihren Muskel auseinander und schob sich in sie. *Kein Seifengeschmack*, dachte ich noch und drückte von Gier getrieben meinen Mund in Richtung ihrer Klitoris. Zwischen meine Lippen gesaugt, ließ ich meine Zunge flink über die harte Knospe tänzeln. Sie atmete angestrengt. Einen Augenblick lang war ich mir nicht sicher, ob vor Anstrengung, das Gleichgewicht zu halten, oder vor Geilheit.

Unkontrolliert und wild rieb sie ihre nasse Möse über meinen Mund. Immer wieder hielt sie mit der Kliti an meiner Zunge inne, um sie sich von mir bearbeiten zu lassen. Ich lauschte angestrengt, ob jemand den Gang entlang kam. Erleichtert nahm ich Stille zur Kenntnis. Ich packte sie fest an ihrem geilen Arsch und drückte ihre Möse auf meine Lippen. Genüsslich lutschte ich an ihren Schamlippen und glitt immer wieder für einen kurzen Moment über ihre Kliti. Es machte mich irrsinnig geil, ihre Möse zu lecken, sie zu schmecken und mitzubekommen, wie sie immer feuchter und feuchter wurde. Mein Schwanz war betonhart und schmerzte schon fast ein wenig, da er gegen die Hose drückte.

Sie bekam nicht genug von meinen Leckkünsten und rieb sich an meinem Gesicht. Ich spreizte mit zwei Fingern ihre Möse und versuchte, meine Zunge so tief wie möglich in ihr geiles Loch zu stecken, um sie mit ihr zu ficken. Raus und rein, immer und immer wieder. Sie stöhnte unterdrückt, während ihren Körper ein schwaches Zucken nach dem anderen durchfuhr. Unvermittelt rutschte sie ein kleines Stück höher und meine Zunge glitt aus ihrem Loch über ihr geiles Arschloch.

Fest drückte sie ihren Unterleib auf mein Gesicht, meine Nasenspitze berührte ihre Kliti und sie rieb sich daran, während meine Zunge mit langsamen, kreisenden Bewegungen ihre Rosette verwöhnte. Dann zuckte ihr Becken verschämt zurück, um dann doch wieder ihre Kliti über meine Nase zutreiben. Immer wieder schnellte dabei meine Zunge gegen ihr Arschloch und trieb sie in den Wahnsinn. Ihr angestrengtes Schnaufen schwoll zu einem lauten Stöhnen an.

Mit beiden Händen zog ich so fest es ging ihre prallen Arschbacken auseinander, damit ich besser an ihr rosa Arschloch kam. Immer wieder stieß ich mit meiner Zunge dagegen. Es machte mich wahnsinnig, sie so aufzugeilen und willenlos in meinen Händen zu halten. Mein dicker Schwanz platzte schon fast, als sie sich schließlich nicht länger auf einem Bein halten konnte oder wollte.

Kaum stand sie mit beiden Beinen auf dem Boden, ging sie in die Hocke und wühlte in ihrer Handtasche mit den Worten: »Schnell, Hose runter«. Ungelenk riss ich die Hose über meinen Hintern und mein Schwanz sprang ins Freie. Er pendelte direkt vor ihrem Gesicht hin und her. Sie nahm sich Zeit, die Bewegungen mit gierigem Blick zu verfolgen, um dann wie eine Raubkatze mit dem Kopf vorzuschnellen. Ihre Lippen schnappten nach meiner prallen Eichel. Die rutschte ohne Wiederstand in ihren Mund und bohrte sich in ihren Rachen, bis ihre Lippen auf meinem Bauch zum Stoppen kamen. Langsam ließ sie meinen Ständer aus ihrem Mund gleiten, der von ihrem Speichel glänzend im schummrigen Licht des Flurs leuchtete, und stülpte ein Kondom darüber. Sie grinste mich mit stolz herausgedrückter Brust an und erhob sich. Mit galanter Drehung um die eigene Achse hob sie ihr Kleid über ihren prallen Arsch, um sich sofort auf meinen Stab zu schieben. Dessen Spitze glitt zwischen ihren Backen hindurch, stockte kurz in der Bewegung und rutschte mit einem Holperer in ihr nasses Loch. Ihr Körpergewicht trieb ihn durch ihren Muskel und drückte ihn auseinander, bis ein laut kieksender Schrei aus ihrem Mund kam.

Ihr ganzer Körper schüttelte sich. Dann hob sie ihren Arsch wenige Millimeter an und ließ ihren Körper wieder auf meinen harten Schwanz rutschen. Meine Eichel pflügte durch ihren Kanal und bohrte sich dieses Mal so weit in sie, bis ihr Hintern sich auf meinen Bauch drückte. Sie lehnte sich an mich und genoss es, vollständig ausgefüllt zu sein.

Wie von Panik getrieben, schmiss sie ihren Körper nach vorn, stützte sich mit den Händen auf meinen Knien ab und riss ihren Hintern in die Höhe, nur um ihn anschließend mit aller Kraft auf meinen Bauch zu hämmern. Während die Erschütterung durch mein Becken zitterte, katapultierte sie ihren Hintern wieder in die Höhe. Kurz bevor die Eichel aus ihrem Loch rutschte, stoppte, um sie erneut mit aller Kraft durch ihren Muskel zu treiben. Sie war so eng, die Reibung so intensiv und die Situation so verboten geil, dass ich nach wenigen Stößen merkte, wie sich ein enormer Druck in meiner Mitte aufbaute. Da sie schwer keuchend atmete und mit einem Stöhnen die Luft aus den Lungen presste, wusste ich, dass sie auch gleich kommen würde. Ich kämpfte nicht gegen das Gefühl an.

Langsam stieg der Druck in meinem Sack. Meine Beckenmuskeln versteiften sich und hoben sich mitsamt ihr in die Luft. Ihr niederfahrender Arsch hämmerte meinen wieder auf den Stuhl. Doch kaum ließ der Druck auf mir nach, stieß ich mein Becken nach oben. In dem Moment wollte sie sich wieder auf mich rammen und unsere Becken krachten aufeinander. Sie japste nach Luft, um sie sofort aus ihren Lungen zu pressen und schmerzvoll lüstern aufzustöhnen. Für mich waren das die extra Millimeter und die ganze Anspannung schoss aus mir heraus. Das Zucken meines Schwanzes trieb sie über die Klippe. Ihre Fingernägel bohrten sich in meine Oberschenkel. Mein Schwanz pumpte wild in sie, während sie ihr Orgasmus schüttelte.

Noch bevor unsere Höhepunkte abgeklungen waren, rutschte sie von mir. Aus der Handtasche zog sie eine der Stoffservietten des Restaurants hervor und wischte mir liebevoll ihren Saft aus dem Gesicht. Anschließend rieb sie sich trocken und befreite meinen immer noch harten Schwanz von der Hülle und den Spermaresten.

Mit einem zärtlichen Kuss drückte sie mir die Serviette in die Hand. »Komm, zieh dich an und lass das verschwinden, wir sehen uns oben«, hörte ich noch, bevor die Toilettentür ins Schloss fiel.

Schnell zog ich mich an, entsorgte die Spuren und machte mich auf den Weg zurück ins Restaurant. Auf dem Weg zur Treppe kam mir das Geburtstagskind entgegen.

»Wo ist Lara?«, fragte sie mich.

»Welche Lara?«, konnte ich nur entgegnen, da ging die Tür zur Damentoilette auf. Das Geburtstagskind schaute irritiert zwischen mir und meiner Schönheit hin und her, fasste sich jedoch schnell und bäffte meinen Engel mit: »Ich dachte, du würdest deine Wettschulden begleichen?« an. Die antwortete grinsend und souverän: »Ich war nicht schnell genug und jetzt funkst du dazwischen, weil du es nicht abwarten kannst.« Das Geburtstagskind brummelte etwas Unverständliches, bevor sie in der Damentoilette verschwand.

»War ich deine Wettschuld?«, fragte ich unbehaglich.

»Nicht direkt. Aber sie hat sich das so gedacht und ich habe mich anders entschieden. Denn ich will mehr davon«, antwortete sie und zog mich mit sich den Gang entlang Richtung Restaurant.

Ein heisser Tag am Pool

Nach der Erfrischung im Pool wärmt die Nachmittagssonne meine nasse Haut. Ich liege mit geschlossenen Augen und einem Handtuch um die Hüfte in einem Gartensessel. Meine Füße ruhen bequem auf dem passenden Hocker.

Ich höre auf den Steinfliesen das typische Klackern von High Heels. Durch ein Auge blinzle ich in die Sonne, kann dich aber nicht sehen. Erst als du zwischen mich und die Sonne trittst, erkenne ich schemenhaft dein Sommerkleid. Du stellst eine Korbtasche neben den Hocker, kickst sanft mit den hohen Schuhen gegen die Wade und sagst: »Mach mal Platz.« Ich nehme meine Füße vom Hocker und du setzt dich mir gegenüber und schlägst die Beine übereinander. Meine Augen haben sich inzwischen an das grelle Sonnenlicht gewöhnt und ich kann sehen, wie dein Kleidchen ganz nach oben rutscht und deine kompletten Beine in der Sonne strahlen. Ich grinse dich an und frage: »Was hast du vor?«

»Ich dachte, du hättest gern etwas Gesellschaft«, erwiderst du schelmisch. Du schlägst die Beine auseinander und ich sehe, dass du kein Höschen trägst. Mein Grinsen wird breiter, doch der Einblick währt nur kurz. Du stehst auf, nimmst deine Strohtasche und stöckelst hinter mich. Deine weichen Hände legen sich auf meine Schultern und massieren sanft meine Nackenmuskeln. Ich genieße jede Berührung. Sanft gleiten deine Hände an meine Brust. Meine Nippel richten sich auf und sofort packen deine Finger zu. Immer fester werden meine Nippel zwischen ihnen gerieben. Das Blut schießt mir in den Schritt, mein Schwanz schwillt sofort zur vollen Größe an und presst die Eichel in das Handtuch.

»Na komm, mein Großer, rutsch mal vor«, flüsterst du mir ins Ohr. Benommen rapple ich mich auf, stelle die Beine rechts und links neben den Stuhl und stütze mich mit den Händen an der Lehne ab. Deine Hände gleiten von meinen Schultern die Arme entlang. Gerade als ich sie nach vorn nehmen will, ratscht es laut. Meine Hände sind fixiert. Ich bringe nur ein verwundertes »He!« hervor.

»Alles gut, mein Großer«, flüsterst du mir ins Ohr und

schiebst hinterher: »Ich will mich doch nur in Ruhe um dein bestes Stück kümmern.« Meine Hände sind mit Handschellen fest auf dem Rücken fixiert und ich sitze wackelig auf der Stuhlkante. Mit einem kurzen Griff ans Handtuch befreist du mich von dem letzten Stück Stoff zwischen dir und meinem harten Schwanz, der steil in den Himmel zeigt. Ein zarter Lufthauch weht über meine Hoden, die frei über der Kante hängen. Das Gefühl, hier so unter freiem Himmel gefesselt und nackt mit weit gespreizten Beinen zu sitzen, ist erregend.

Du schreitest wieder vor mich und setzt dich auf den Hocker. Dann rückst du dich zurecht und deine gespreizten Beine enthüllen für mich den Blick unter dein kurzes Kleid. Deine Möse ist gut sichtbar. Ich bin geil und versuche über die Stuhlkante zu rücken, um auf die Knie zukommen. Ich will deine Möse lecken oder ficken. Doch du hebst einen Fuß, stellst ihn auf meine Stirn und drückst meinen Kopf zurück. Ich falle nach hinten auf meine zusammengebundenen Hände. Jetzt hängt mein Hintern gerade noch auf der Stuhlkante.

»Nicht so schnell, mein Großer«, raunst du mir zu. Es fällt mir schwer, mich aufrecht zu halten, aber ich will deine geile Möse sehen. Dein Anblick macht mich irre vor Geilheit. Mir läuft das Wasser im Mund zusammen. Ich will dich küssen, lecken, verwöhnen, schmecken. Du weißt das und genießt es.

Deine Schenkel schließen sich, du hebst deinen süßen Arsch in die Höhe und streifst dein Kleidchen von den Schultern. Obwohl ich dich schon unzählige Male gesehen habe, zittere ich vor Aufregung und kann es nicht erwarten, bis der Stoff über deine großen Brüste rutscht. Der dünne Stoff bleibt an deinen harten Nippeln hängen und steigert für einen Wimpernschlag meine Geilheit ins Unermessliche. Dann rutscht das Kleid über die Nippel und von dort direkt auf den Boden. Galant steigst du aus dem Häufchen Stoff und machst einen Schritt auf mich zu. Jede Faser meines Körpers ist zum Zerreißen angespannt.

Mit einer Hand nimmst du eine Titte, beugst dich zu mir herunter. »Saug mir meine Nippel – mach mich richtig geil«, raunst du mir leise zu. Ich kann mich vor Aufregung und Geilheit kaum bewegen. Erst als du mir mit dem harten Nippel über die Lippen fährst, löst sich die Anspannung. Meine Lippen umschließen ihn und meine Zunge schlägt wie wild darüber, bis du stöhnst. Du entziehst mir den Nippel und stellst dich wieder zwischen meine Beine. Dann hebst du einen Fuß und streckst ihn nach vorn. Mit dem Spann reibst du meine Eier. Du hebst sie an, lässt sie wieder baumeln, dann noch einmal. Du drückst meinen harten Schwanz mit der Sohle gegen meinen Bauch, reibst an meinem Schaft entlang. Ein Tropfen löst sich aus der Öffnung und rinnt über meine Eichel. Ich stöhne laut auf. Du nimmst sofort den Fuß weg und grinst mich an.

»Na, na, na, immer langsam, mein Hengst«, kommt es fordernd aus deinem Mund. Mein Schwanz steht schmerzhaft steif in der warmen Mittagssonne und läuft aus. Ich sitze mit weit gespreizten Beinen auf der Stuhlkante, die Hände nach hinten auf die Sitzfläche gestützt, den Oberkörper nach vorn geneigt, damit ich nicht nach hinten umkippe. Ich bin dir hilflos ausgeliefert, besser gesagt mein Arsch und meine blitzblank rasierten Eier, die über der Sitzfläche des Stuhls baumeln. Du beugst dich über mich und küsst mich. Eigentlich fickst du meinen Mund mit deiner Zunge. Ich öffne meine Lippen weit für dich. Nach kurzer Zeit lässt du von mir ab, gehst neben dem Hocker in die Knie und kramst in der Korbtasche. Es raschelt und klappert. Du lässt dir Zeit.

Mit einer Tube Gleitgel in der Hand und einem Vibrator, der nicht gerade klein ist, stemmst du dich grinsend in die Höhe. Du legst den Vibrator auf die Sitzfläche des Hockers.

Dann versperren mir deine drallen Titten den Blick und deine Hand reibt mit kühlem Gleitgel über meinen heißen Schwanz. Die glitschige Berührung deiner Hände an meinem Schwanz lässt mich frösteln und ich stoße meinen Schwanz in die Luft. Meine Eier ziehen sich zusammen. Ich atme gegen meinen Orgasmus an und hänge in der Luft. Die Berührung deiner Hände bleibt, doch du verlagerst deine Aufmerksamkeit über meine Eier hin zu meinem Arsch. Ich schnaube wütend, so kurz vor der Erlösung ausgebremst zu werden.

Es bleibt mir keine Zeit, denn du nimmst den Dildo in die Hand. Ich spüre, wie du mit einem Finger mein Poloch umkreist und glitschig kühlendes Gel verteilst. Ich ahne, dass der Freudenspender nicht dich beglücken soll. Mit der anderen Hand hast du meine Eier glitschig fest im Griff. Du lässt meine Bälle zwischen deinen Fingern hindurchflutschen. Die Eier sind drall und zum Bersten angespannt. Du greifst mir immer wieder kräftig in den Sack, als würdest du Teig kneten. Es ist ein schmerzhaft irres Gefühl, wie meine Eier immer wieder durch deine Finger hindurchgleiten und ein leichter Schmerz durch meinen Körper schießt. Dann dringst du mit einem Finger in mich ein. Kreisend, immer tiefer, bohrend, dehnend. Ein zweiter Finger stößt hinzu. Ich schnaufe kurz.

Dann schießt ein Blitz aus meinem Innern in mein Hirn. Es kommt nur noch gedrücktes Stöhnen über meine Lippen. Dieses wahnsinnig geile Gefühl verschluckt jedes Wort, jeden Gedanken – einfach alles. Du bearbeitest mich heftig ohne Rücksicht auf meine exponierte Stellung. Ein Blitz nach dem anderen schlägt in meinem Gehirn ein. Vor meinen geschlossenen Augen sehe ich nur weiße Punkte. Ich stöhne, keuche und schnaube vor mich hin. Es fühlt sich beinahe an wie ein wahnsinnig intensiver Höhepunkt – nur ohne Höhepunkt. Meine Sinne sind wie in einem Tunnel gefangen. Ich bekomme nicht mehr viel um mich herum mit, aber dann spüre ich den Kopf des Plastikschwanzes glitschig und fordernd an meinem Arschloch. Du flüsterst mir ins Ohr: »Entspann dich, mein Großer.«

Ich komme langsam zu mir. Doch dann presst es mir alle Luft aus der Lunge und die Zeit dehnt sich ins Unendliche. Du schiebst mir den Eindringling kräftig pressend hinein, bis er zur Hälfte in mir steckt. Während ich hechelnd nach Luft schnappe, sicherst du ihn mit einer dünnen Schnur, die du mir wie einen Tanga um die Hüfte schlingst. Er kann nicht mehr herausflutschen. Du betrachtest dein Werk und wichst dann hart meinen Schwanz. Ich stöhne unter der Spannung. Abrupt lässt du von mir ab, stehst auf und kneifst mir in die Brustwarzen. Dann drückst du mir wieder deine Titten an die Lippen. Dieses Mal musst du mich nicht auffordern, die harten Nippel zu saugen und zu lutschen. Hingebungsvoll lecke, küsse, sauge und knabbere ich ganz sanft an ihnen. Du lasst dir Zeit, mich deine Brüste verwöhnen zu lassen.

Währenddessen schiebst den Dildo immer wieder mal ein Stückchen tiefer rein und ziehst in wieder raus, bis du genau die Stelle gefunden hast. Dann drehst du die Vibration voll auf. Ich keuche laut. Das Gefühl ist so heftig, dass es mir beinahe die Füße unter dem Boden wegreißt und ich ganz vom Sessel rutsche. Ohne Vorwarnung schaltest du noch eine Stufe rauf und stellst die kräftigste Vibrationsstufe ein. Es ist die absolute Reizüberflutung. In meinem Schritt kribbelt es wie bei eingeschlafenen Füßen. Ich verliere jegliches andere Gefühl. Ich wüsste nicht einmal, ob ich eine Erektion habe, wenn ich sie nicht prall und hart zwischen meinen Beinen sehen würde.

Du greifst mir unter die Arme und ziehst mich in die Höhe. Mit zittrigen Füßen stehe ich zwischen Sonnenstuhl und Hocker und kann mich nicht bewegen. Ich kann mich kaum aufrichten, so tief sitzt der dicke vibrierende Kunstschwanz in mir. Du kniest dich auf den Hocker vor mir und streckst mir deinen Po entgegen. Ich weiß genau, was du von mir willst. Du willst meinen Schwanz in dir spüren. Du willst es wild und hemmungslos. Du willst, dass ich dich ficke wie ein wilder Hengst. Du willst, dass ich dich wie eine Stute besteige und nicht eher komme, bis du genug hast.

Du stützt dich auf deine Unterarme und senkst leicht den Kopf, so stellt deine Hüfte den höchsten Punkt deines Körpers dar. Deine Beine sind durch die kniende Pose leicht gespreizt, sodass ich freien Blick auf deine Mitte habe. Ich sehe dickflüssige Tropfen, die von deinen Schamlippen auf den Hocker tropfen wollen. Du bist nicht nur feucht, du zerfließt regelrecht vor Erregung. Auch die Innenseiten deiner Oberschenkel glänzen verräterisch. Du scheinst es nicht mehr länger auszuhalten. Unruhig windest du dich und rutschst auf dem Hocker hin und her, reckst mir deinen Hintern entgegen.

Ich versuche, meinen prallen und harten Schwanz an deine nasse, fickbereite Fotze zu dirigieren. Mit den Händen auf dem Rücken und dem vibrierenden Dildo im Arsch fällt mir das schwer. Ich bewege meine Hüfte etwas weiter nach vorn, drückte meinen Schwanz an deinem Oberschenkel entlang und erreiche schließlich deine Schamlippen. Sehr deutlich kann ich deine Nässe nun spüren, die sich sogleich auf meinem harten Glied verteilt. Spielerisch lasse ich meinen Schwanz ein paarmal deine Lippen entlanggleiten und entlocke dir damit ein aufgebrachtes Stöhnen. Obwohl mein eigenes Verlangen nicht minder groß ist, reize ich dich noch einige weitere qualvolle Sekunden – die Revanche, zu der ich in meiner Situation noch fähig bin. Ich genieße das mir geltende Verlangen, das Zittern deiner Oberschenkel und dein unruhiges Winden auf dem Hocker.

»Na los, mein Großer!«, forderst du mich mit belegter Stimme auf.

Ich drücke meine Eichel gegen deine verlockend warmen und weichen Schamlippen. Langsam und gefühlvoll bewege ich mein Becken vor, um nicht durch die nassen Lippen zu rutschen. Die Spitze meines Schwanzes drückt gegen dein Loch und öffnet es leicht. Deine Nässe und Wärme wirken elektrisierend. Vor Erregung und Ungeduld zitternd, schiebe ich meine Hüfte ungelenk weiter vor. Dein Fleisch gibt nur langsam unter dem Druck nach.

Noch einmal zögere ich es für einige Sekunden heraus, um zu sehen, wie du dich vor Lust windest, doch dann kann ich mehr länger widerstehen. Kurz hole ich Luft, ehe ich meine Hüfte mit einem kräftigen Ruck vorschnellen lasse. Durch meinen offenen Mund entweicht mit einem Schlag die Luft, so überwältigend ist das Gefühl, bis zur Wurzel in deinen Körper zu dringen. Durch deine zusammengepressten Lippen schiebt sich ein unterdrückter Schrei und deine Hände umklammern mit weißen Knöcheln den Hocker. Mit der gleichen Kraft scheinen deine inneren Muskeln meinen Schwanz regelrecht umklammern, festhalten zu wollen. Doch du bist zu willig, um verhindern zu können, dass ich mich gleich darauf wieder aus dir zurückziehe.

Ich gehe leicht in die Knie und stoße dich von unten in dein schmatzendes Fleisch. Ohne weiter zu zögern, nehme ich dich mit kraftvollen Stößen. In einem schnellen Takt lasse ich meine Hüfte vor und zurück schnellen, sodass mein Schwanz immer wieder bis zur Eichel aus dir herausgleitet, um anschließend so tief in dich zu dringen, dass meine Hüfte mit einem lauten Klatschen gegen deinen Hintern prallt. Der vibrierende Quälgeist in meinem Arsch macht es mir schwer, mich zu bewegen. Doch mein Schwanz dringt immer wieder tief in deinen Schoß ein, drückt deine Muskeln mühelos auseinander und füllt dein Becken.

Mein Blick ruht konzentriert auf deinem lang gezogenen Rücken, während ich versuche, mich genüsslich an dir zu befriedigen. Mit jedem Stoß streicht, reibt oder tippt der Vibrator gegen meine Prostata. Ich reite auf einer endlosen Welle und komme doch nicht an. Du hingegen stöhnst mit spitzem Tonfall, windest dich unter meinen Stößen und wirst mit jeder weiteren Sekunde wilder und hemmungsloser.

Mein ganzer Körper ist reizüberflutet. Es ist jetzt mehr wie ein Kampf, um es doch noch zum Orgasmus zu schaffen. Ich ficke dich langsamer, intensiver, tiefer und bohrender. Mein Fokus liegt ganz auf dir. In diesem Moment stößt du ein lautes und kehliges Stöhnen aus. Dein gesamter Körper scheint sich zu verkrampfen. Dein rhythmisch zuckender Schließmuskel zeigt mir, dass du gerade heftig kommst. Der Anblick deiner feuchten und warmen Möse geilt mich wieder auf und mit jedem Stoß wird meine Lust größer. Ich drücke kraftvoll die Luft aus meinem weit aufgerissenen Mund. Doch ich kann nicht so tief und fest stoßen, wie ich möchte, wie ich es brauche.

Kurz unterbreche ich meine Bewegungen, bringe mich mit einem trippelnden Schritt noch etwas näher und presse meine Hüfte eng an deinen Hintern. Einen Augenblick koste ich das Gefühl aus, vollständig von dir umschlossen zu sein. Gefühlvoll bewege ich meine Hüfte ein wenig zurück. Leise schmatzend gleitet mein Schwanz aus deiner Möse, bis nur noch die Spitze deine nassen und geröteten Schamlippen aufhält. Genauso langsam dringe ich wieder in dich ein. Konzentriert koste ich jeden Millimeter deines Innersten aus, drücke meine Hüfte nach vorn, bis ich so tief in dir bin, dass meine Hoden gegen deinen nassen Schritt pendeln.

Langsam und kraftvoll ficke ich dich. Ich will jede Sekunde, jede Bewegung und jede Empfindung auskosten, wenn ich es schon nicht schaffe zu kommen. Dein schwerer Atem, der jedem meiner Stöße folgt, treibt mich an und ganz allmählich wird mein Takt wieder etwas schneller, jedoch nicht mehr so wild und ungestüm wie zuvor. Immer wieder erfüllt mich das Verlangen, tiefer in dich zu dringen. Einen Moment lang scheint die Lust mit der Selbstbeherrschung zu kämpfen. Ich hoffe, den kurzen Augenblick Erlösung zu finden, hänge aber an meiner Geilheit gefesselt in der Luft.

Langsam und kontrolliert dringt mein Schwanz erneut zwischen die warmen Muskeln und reibt sich an ihnen. Ich sehe die leichte Gänsehaut an deinem prallen Hintern. So fest ich kann, schmiege ich meine Hüfte an ihn. Er treibt meinen Schwanz so tief es möglich ist in deinen Körper, als eine Muskelkontraktion deine Möse endgültig überwältigt. Du fängst unkontrolliert an zu zittern, bis deine Lust und Begierde alle Dämme bricht. Laut stöhnend lässt du deinen Gefühlen freien Lauf. Wild pulsiert der Orgasmus durch deinen Körper. Für einige Augenblicke entrückst du der Welt. Schwer atmend genießt du die letzten Wellen des Höhepunktes, die sanft durch deine Möse branden. Langsam löst du dich von mir und mein Schwanz gleitet aus deiner Möse. Immer noch stahlhart ploppt er aus deinem Loch und pendelt vor meinem Bauch auf und ab.

Über die Schulter blickend lächelst du mich an. Du erhebst dich erschöpft mit einem seligen Lächeln und stellst dich neben mich. Mir einen Kuss auf die Wange hauchend, tätschelst du mir den Hintern und flüsterst leise: »Das hast du fein gemacht, meiner Großer.«

Ich bin zu kaputt, um etwas zu erwidern. Mit einer schnellen Bewegung hebst du meine Hände in die Höhe. Ich drohe vornüberzukippen und lande mit den Knien auf dem Hocker. Du bremst meinen Fall und mein Oberkörper kommt auf dem

Hocker zum Liegen. Mein Kopf hängt über die Kante nach unten, mein Arsch zeigt in den blauen Himmel.

Du streichelst und tätschelst meinen Hintern und betrachtest, wie die Vibration mich weiter bearbeitet und mein Schwanz im Takt dazu zuckt, ohne einem spritzenden Zucken nahe zu sein. Dann löst du die Schnur, die den dicken Vibrator in mir festhält. Mit einer Hand wichst du meinen Schwanz, mit der anderen hältst du den Stab in mir. Ich bin zu erschöpft, um Gegenwehr zu leisten. Langsam lässt du den Vibrator aus mir gleiten und wichst mich weiter hart. Als der Vibrator fast aus mir raus ist und ich schon ein angenehmes Ziehen in den Eiern verspüre, rammst du ihn wieder in mich. Ein Blitz schießt mir ins Hirn. Ich stöhne laut auf. Das Ziehen ist weg. Doch du wichst mich hart weiter. Wieder lässt du den Stab langsam aus meinem engen Loch gleiten. Und wieder treibst du ihn in mich zurück. Ich stöhne, keuche und schnaube vor mich hin.

Auf diese Weise fickst du mich eine Weile, bis ich kaum noch kann. Während in meinem Kopf ein Feuerwerk explodiert, nimmst du langsam den Schwung heraus. Die Stöße sind nicht mehr so schnell und nicht mehr so tief. Als der Vibrator mich nicht mehr überreizt, komme ich langsam wieder zu mir. Du zwingst den Stab nicht in mich zurück, sondern kratzt leicht mit den Fingernägeln über meinen zusammengezogenen Sack.

Ich explodiere förmlich. Grollend stöhne ich auf. Ich will mich aufbäumen, kann es aber nicht. Ich spüre, wie die Körpersäfte aus meinem Sack heiß durch mich hindurchströmen. Zuerst schießen mehrere dicke Schübe heißen Spermas aus meinem Schwanz, dann sprudelt es eher wie ein stetig fließender Fluss. Es hört gar nicht auf. Immer wieder quetschst du deine Hand an meinem Schwanzansatz zusammen und streichst mein heißes Sperma zur Eichel aus mir heraus. Dabei drückst du mir mit dem harten Stab in meinem Hintern immer wieder gegen die Prostata. Ich kann nicht mehr, will dich anflehen, dass du aufhörst. Doch anstatt Worten sprudelt nur ein grollendes Röcheln aus mir. Immer wieder streicht deine melkende Hand über meinen Schaft. Es dauerte eine gefühlte Ewigkeit, bis du mich komplett ausgewrungen hast. Und trotzdem kannst du es nicht lassen und drückst weiter und weiter gegen meine Prostata. Erst als nur noch ein heißeres Stöhnen aus meinem Rache dringt, lässt du von mir ab.

Ich hänge wie paralysiert über dem Hocker. Du hockst dich neben mich und gibst mir einen Kuss auf die Stirn.

»Du bist echt ausdauernd, mein Deckhengst. Das war ganz schön anstrengend in der Hitze. Ich muss mich erst mal abkühlen«, sagst du, kickst deine Pumps von den Füßen und springst in den Pool.

Weitere erotische Geschichten:

Enrique Cuentame

VollLust 4

Heiße Geschichten und wollüstige Abenteuer - geile Gründe, den Abend mit diesen erotischen Geschichten zu verbringen.
Begleiten Sie Singles und Paare bei ihren Abenteuern. Ob mit dem Partner oder einem Unbekannten, in der freien Natur oder auf einem Stahltisch im Kellergewölbe. Hier bleibt keine Fantasie unerfüllt. Lassen Sie sich verführen und blicken Sie in die Abgründe der Lust.

Enrique Cuentame

VollLust 3

13 Mal erotisches Kopfkino.
13 Mal pure Lust.
13 Mal wilde Leidenschaft ohne Tabus.
Katja wird beim Virtual-Reality-Spiel zur Sexsklavin ausgebildet, Carla soll sich auf Anweisung ihres Mannes im Zugabteil befriedigen, Gundula treibt es gleich mit vier gut bestückten Sportlern in der Umkleidekabine, Veronica muss ein Dinner mit eingeführtem Vibrator überstehen und Jan und Simone treiben es mitten auf dem Golfplatz.
Heiß und voller Verlangen entdecken die Protagonisten versteckte Leidenschaften und leben ihre Lust voll aus.
Lassen Sie sich überraschen und verführen ...

Enrique Cuentame

VollLust 2

Begleiten Sie erregende Paare bei ihren aufregenden sexuellen Eskapaden: Ob zu Hause in Dusche und Küche oder im Freizeitpark, Treppenhaus, Büro und Möbelhaus ... Ob zärtlich, wild, unterwürfig oder dominant - hier kommen alle auf ihre Kosten. Lassen auch Sie sich von den außergewöhnlichen erotischen Abenteuern anregen ...

Weitere erotische Geschichten:

Pamela Ritchey

Ich bin gierig!

Gierige Männer und heiße Frauen warten darauf, so richtig rangenommen zu werden: Abiturientin Charlotte legt es mit aufreizenden Posen am Pool darauf an, ihren Nachbarn scharfzumachen. Polizeianwärter Tim hat es auf seine sexy Ausbilderin abgesehen. Kellnerin Marina bedient gern ohne Unterwäsche. Und Melanie kann es weder beim Erotikdreh noch im Frauenbordell hart genug zur Sache gehen.
Tabulose Geschichten für anregende Stunden!

Paula Cranford

VögelLaune 4

In diesen 16 sexy Kurzgeschichten geht es wieder heiß zu!
Ob Sex mit Surfern, um mal wieder das Gefühl von Freiheit zu spüren, Sex mit einem Fremden vom Straßenrand, erotische Erlebnisse mit mehreren Männern oder das Ausleben leidenschaftlichen Verlangens mit der Domina - diese erotischen Geschichten sind voll von erfüllten Sexsehnsüchten und heißen Trips in unbekannte Sexwelten ...

Nova Ostermond

Stolz unterworfen - Ich bin dir verfallen

Lina, eine erfolglose Autorin, wird aus ihrer WG geworfen und strandet pleite in Österreich bei ihrer besten Freundin.
Danny, erfolgreicher Rap-Star in den USA, ist umschwärmt und wird von Fans und Stalkerinnen verfolgt.
Lina riskiert alles, um ihn zu kontaktieren. Er ist hin und weg von ihrem Charme.
Beide tauchen ein in einen Strudel aus Faszination und Leidenschaft.
Gemeinsam erleben sie Stunden der Lust.
Doch Danny hat einen großen Verlust erlitten und auch Lina verbirgt ein dunkles Geheimnis.
Kann aus ihnen mehr werden als eine Affäre zwischen Star und Fan?